BIRMANO

VOCABULARIO

ESPAÑOL-
BIRMANO

Las palabras más útiles
Para expandir su vocabulario y refinar
sus habilidades lingüísticas

5000 palabras

Vocabulario Español-Birmano - 5000 palabras más usadas
por Andrey Taranov

Los vocabularios de T&P Books buscan ayudar en el aprendizaje, la memorización y la revisión de palabras de idiomas extranjeros. El diccionario se divide por temas, cubriendo toda la esfera de las actividades cotidianas, de negocios, ciencias, cultura, etc.

El proceso de aprendizaje de palabras utilizando los diccionarios temáticos de T&P Books le proporcionará a usted las siguientes ventajas:

- La información del idioma secundario está organizada claramente y predetermina el éxito para las etapas subsiguientes en la memorización de palabras.
- Las palabras derivadas de la misma raíz se agrupan, lo cual permite la memorización de grupos de palabras en vez de palabras aisladas.
- Las unidades pequeñas de palabras facilitan el proceso de reconocimiento de enlaces de asociación que se necesitan para la cohesión del vocabulario.
- De este modo, se puede estimar el número de palabras aprendidas y así también el nivel de conocimiento del idioma.

T&P Books Publishing
www.tpbooks.com

ISBN: 978-1-83955-066-9

Este libro está disponible en formato electrónico o de E-Book también.
Visite www.tpbooks.com o las librerías electrónicas más destacadas en la Red.

VOCABULARIO BIRMANO
palabras más usadas

Los vocabularios de T&P Books buscan ayudar al aprendiz a aprender, memorizar y repasar palabras de idiomas extranjeros. Los vocabularios contienen más de 5000 palabras comúnmente usadas y organizadas de manera temática.

* El vocabulario contiene las palabras corrientes más usadas.
* Se recomienda como ayuda adicional a cualquier curso de idiomas.
* Capta las necesidades de aprendices de nivel principiante y avanzado.
* Es conveniente para uso cotidiano, prácticas de revisión y actividades de auto-evaluación.
* Facilita la evaluación del vocabulario.

Aspectos claves del vocabulario

* Las palabras se organizan según el significado, no según el orden alfabético.
* Las palabras se presentan en tres columnas para facilitar los procesos de repaso y auto-evaluación.
* Los grupos de palabras se dividen en pequeñas secciones para facilitar el proceso de aprendizaje.
* El vocabulario ofrece una transcripción sencilla y conveniente de cada palabra extranjera.

El vocabulario contiene 155 temas que incluyen lo siguiente:

Conceptos básicos, números, colores, meses, estaciones, unidades de medidas, ropa y accesorios, comida y nutrición, restaurantes, familia nuclear, familia extendida, características de personalidad, sentimientos, emociones, enfermedades, la ciudad y el pueblo, exploración del paisaje, compras, finanzas, la casa, el hogar, la oficina, el trabajo en oficina, importación y exportación, promociones, búsqueda de trabajo, deportes, educación, computación, la red, herramientas, la naturaleza, los países, las nacionalidades y más …

TABLA DE CONTENIDO

GUÍA DE PRONUNCIACIÓN

El sistema de transcripción 'The Myanmar Language Commission Transcription System' (MLCTS) se utiliza como una transcripción en este libro.
Una descripción de este sistema se puede encontrar aquí:
https://en.wiktionary.org/wiki/Wiktionary:Burmese_transliteration
https://en.wikipedia.org/wiki/MLC_Transcription_System

ABREVIATURAS
usadas en el vocabulario

Abreviatura en español

adj	-	adjetivo
adv	-	adverbio
anim.	-	animado
conj	-	conjunción
etc.	-	etcétera
f	-	sustantivo femenino
f pl	-	femenino plural
fam.	-	uso familiar
fem.	-	femenino
form.	-	uso formal
inanim.	-	inanimado
innum.	-	innumerable
m	-	sustantivo masculino
m pl	-	masculino plural
m, f	-	masculino, femenino
masc.	-	masculino
mat	-	matemáticas
mil.	-	militar
num.	-	numerable
p.ej.	-	por ejemplo
pl	-	plural
pron	-	pronombre
sg	-	singular
v aux	-	verbo auxiliar
vi	-	verbo intransitivo
vi, vt	-	verbo intransitivo, verbo transitivo
vr	-	verbo reflexivo
vt	-	verbo transitivo

CONCEPTOS BÁSICOS

Conceptos básicos. Unidad 1

1. Los pronombres

yo	ကျွန်ုပ်	kjunou'
tú	သင်	thin
él	သူ	thu
ella	သူမ	thu ma.
ello	၎င်း	jin:
nosotros, -as	ကျွန်ုပ်တို့	kjunou' tou.
vosotros, -as	သင်တို့	thin dou.
Usted	သင်	thin
Ustedes	သင်တို့	thin dou.
ellos	သူတို့	thu dou.
ellas	သူမတို့	thu ma. dou.

2. Saludos. Salutaciones. Despedidas

¡Hola! (fam.)	မင်္ဂလာပါ	min ga. la ba
¡Hola! (form.)	မင်္ဂလာပါ	min ga. la ba
¡Buenos días!	မင်္ဂလာနံနက်ခင်းပါ	min ga. la nan ne' gin: ba
¡Buenas tardes!	မင်္ဂလာနေ့လယ်ခင်းပါ	min ga. la nei. le gin: ba
¡Buenas noches!	မင်္ဂလာညနေခင်းပါ	min ga. la nja nei gin: ba
decir hola	နှုတ်ဆက်သည်	hnou' hsei' te
¡Hola! (a un amigo)	ဟိုင်း	hain:
saludo (m)	ဟာလို	ha. lou
saludar (vt)	နှုတ်ဆက်သည်	hnou' hsei' te
¿Cómo estáis?	နေကောင်းပါသလား	nei gaun: ba dha la:
¿Cómo estás?	အဆင်ပြေလား	ahsin bjei la:
¿Qué hay de nuevo?	ဘာထူးသေးလဲ	ba du: dei: le:
¡Chau! ¡Adiós!	နောက်မှတွေ့ကြမယ်	nau' hma. dwei. gja. me
¡Hasta la vista! (form.)	ဝွတ်ဘိုင်	gu' bain
¡Hasta la vista! (fam.)	တာ့တာ	ta. da
¡Hasta pronto!	မကြာခင်ပြန်ဆုံကြမယ်	ma gja. gin bjan zoun gja. me
¡Adiós!	နှုတ်ဆက်ပါတယ်	hnou' hsei' pa de
despedirse (vr)	နှုတ်ဆက်သည်	hnou' hsei' te
¡Hasta luego!	တာ့တာ	ta. da
¡Gracias!	ကျေးဇူးတင်ပါတယ်	kjei: zu: din ba de
¡Muchas gracias!	ကျေးဇူးအများကြီးတင်ပါတယ်	kjei: zu: amja: kji: din ba de

De nada	ရပါတယ်	ja. ba de
No hay de qué	ကိစ္စမရှိပါဘူး	kei. sa ma. shi. ba bu:
De nada	ရပါတယ်	ja. ba de

¡Disculpa!	ဆောရီးနော်	hso: ji: no:
¡Disculpe!	တောင်းပန်ပါတယ်	thaun: ban ba de
disculpar (vt)	ခွင့်လွှတ်သည်	khwin. hlu' te

disculparse (vr)	တောင်းပန်သည်	thaun: ban de
Mis disculpas	တောင်းပန်ပါတယ်	thaun: ban ba de
¡Perdóneme!	ခွင့်လွှတ်ပါ	khwin. hlu' pa
perdonar (vt)	ခွင့်လွှတ်သည်	khwin. hlu' te
¡No pasa nada!	ကိစ္စမရှိပါဘူး	kei. sa ma. shi. ba bu:
por favor	ကျေးဇူးပြု၍	kjei: zu: pju. i.

¡No se le olvide!	မမေ့ပါနဲ့	ma. mei. ba ne.
¡Ciertamente!	ရတာပေါ့	ja. da bo.
¡Claro que no!	မဟုတ်တာသေချာတယ်	ma hou' ta dhei gja de
¡De acuerdo!	သဘောတူတယ်	dhabo: tu de
¡Basta!	တော်ပြီ	to bji

3. Como dirigirse a otras personas

¡Perdóneme!	ခွင့်ပြုပါ	khwin. bju. ba
señor	ဦး	u:
señora	ဒေါ်	do
señorita	မိန်းကလေး	mein: ga. lei:
joven	လူငယ်	lu nge
niño	ကောင်ကလေး	keaagkle:
niña	ကောင်မလေး	kaun ma. lei:

4. Números cardinales. Unidad 1

cero	သုည	thoun nja.
uno	တစ်	ti'
dos	နှစ်	hni'
tres	သုံး	thoun:
cuatro	လေး	lei:

cinco	ငါး	nga:
seis	ခြောက်	chau'
siete	ခုနစ်	khun hni'
ocho	ရှစ်	shi'
nueve	ကိုး	kou:

diez	တစ်ဆယ်	ti' hse
once	တစ်ဆယ့်တစ်	ti' hse. ti'
doce	တစ်ဆယ့်နှစ်	ti' hse. hni'
trece	တစ်ဆယ့်သုံး	ti' hse. thoun:
catorce	တစ်ဆယ့်လေး	ti' hse. lei:
quince	တစ်ဆယ့်ငါး	ti' hse. nga:
dieciséis	တစ်ဆယ့်ခြောက်	ti' hse. khau'

diecisiete	တစ်ဆယ့်ခုနစ်	ti' hse. khu ni'
dieciocho	တစ်ဆယ့်ရှစ်	ti' hse. shi'
diecinueve	တစ်ဆယ့်ကိုး	ti' hse. gou:

veinte	နှစ်ဆယ်	hni' hse
veintiuno	နှစ်ဆယ့်တစ်	hni' hse. ti'
veintidós	နှစ်ဆယ့်နှစ်	hni' hse. hni'
veintitrés	နှစ်ဆယ့်သုံး	hni' hse. thuan:

treinta	သုံးဆယ်	thoun: ze
treinta y uno	သုံးဆယ့်တစ်	thoun: ze. di'
treinta y dos	သုံးဆယ့်နှစ်	thoun: ze. hni'
treinta y tres	သုံးဆယ့်သုံး	thoun: ze. dhoun:

cuarenta	လေးဆယ်	lei: hse
cuarenta y uno	လေးဆယ့်တစ်	lei: hse. ti'
cuarenta y dos	လေးဆယ့်နှစ်	lei: hse. hni'
cuarenta y tres	လေးဆယ့်သုံး	lei: hse. thaun:

cincuenta	ငါးဆယ်	nga: ze
cincuenta y uno	ငါးဆယ့်တစ်	nga: ze di'
cincuenta y dos	ငါးဆယ့်နှစ်	nga: ze hni'
cincuenta y tres	ငါးဆယ့်သုံး	nga: ze dhoun:

sesenta	ခြောက်ဆယ်	chau' hse
sesenta y uno	ခြောက်ဆယ့်တစ်	chau' hse. di'
sesenta y dos	ခြောက်ဆယ့်နှစ်	chau' hse. hni'
sesenta y tres	ခြောက်ဆယ့်သုံး	chau' hse. dhoun:

setenta	ခုနစ်ဆယ်	khun hni' hse.
setenta y uno	ခုနစ်ဆယ့်တစ်	qunxcy•tx
setenta y dos	ခုနစ်ဆယ့်နှစ်	khun hni' hse. hni
setenta y tres	ခုနစ်ဆယ့်သုံး	khu. ni' hse. dhoun:

ochenta	ရှစ်ဆယ်	shi' hse
ochenta y uno	ရှစ်ဆယ့်တစ်	shi' hse. ti'
ochenta y dos	ရှစ်ဆယ့်နှစ်	shi' hse. hni'
ochenta y tres	ရှစ်ဆယ့်သုံး	shi' hse. dhun:

noventa	ကိုးဆယ်	kou: hse
noventa y uno	ကိုးဆယ့်တစ်	kou: hse. ti'
noventa y dos	ကိုးဆယ့်နှစ်	kou: hse. hni'
noventa y tres	ကိုးဆယ့်သုံး	kou: hse. dhaun:

5. Números cardinales. Unidad 2

cien	တစ်ရာ	ti' ja
doscientos	နှစ်ရာ	hni' ja
trescientos	သုံးရာ	thoun; ja
cuatrocientos	လေးရာ	lei: ja
quinientos	ငါးရာ	nga: ja

| seiscientos | ခြောက်ရာ | chau' ja |
| setecientos | ခုနစ်ရာ | khun hni' ja |

| ochocientos | ရှစ်ရာ | shi' ja |
| novecientos | ကိုးရာ | kou: ja |

mil	တစ်ထောင်	ti' htaun
dos mil	နှစ်ထောင်	hni' taun
tres mil	သုံးထောင်	thoun: daun
diez mil	တစ်သောင်း	ti' thaun:
cien mil	တစ်သိန်း	ti' thein:
millón (m)	တစ်သန်း	ti' than:
mil millones	ဘီလီယံ	bi li jan

6. Números ordinales

primero (adj)	ပထမ	pahtama.
segundo (adj)	ဒုတိယ	du. di. ja.
tercero (adj)	တတိယ	tati. ja.
cuarto (adj)	စတုတ္ထ	zadou' hta.
quinto (adj)	ပဥ္စမ	pjin sama.

sexto (adj)	ဆဋ္ဌမ	hsa. htama.
séptimo (adj)	သတ္တမ	tha' tama.
octavo (adj)	အဋ္ဌမ	a' htama.
noveno (adj)	နဝမ	na. wa. ma.
décimo (adj)	ဒသမ	da dha ma

7. Números. Fracciones

fracción (f)	အပိုင်းကိန်း	apain: gein:
un medio	နှစ်ပိုင်းတစ်ပိုင်း	hni' bain: di' bain:
un tercio	သုံးပိုင်းတစ်ပိုင်း	thoun: bain: di' bain:
un cuarto	လေးပိုင်းတစ်ပိုင်း	lei: bain: ti' pain:

un octavo	ရှစ်ပိုင်းတစ်ပိုင်း	shi' bain: di' bain:
un décimo	ဆယ်ပိုင်းတစ်ပိုင်း	hse bain: da' bain:
dos tercios	သုံးပိုင်းနှစ်ပိုင်း	thoun: bain: hni' bain:
tres cuartos	လေးပိုင်းသုံးပိုင်း	lei: bain: dhoun: bain:

8. Números. Operaciones básicas

| sustracción (f) | နုတ်ခြင်း | nou' khjin: |
| sustraer (vt) | နုတ်သည် | nou' te |

| división (f) | စားခြင်း | sa: gjin: |
| dividir (vt) | စားသည် | sa: de |

adición (f)	ပေါင်းခြင်း	paun: gjin:
sumar (totalizar)	ပေါင်းသည်	paun: de
adicionar (vt)	ထပ်ပေါင်းသည်	hta' paun: de
multiplicación (f)	မြှောက်ခြင်း	hmjau' chin:
multiplicar (vt)	မြှောက်သည်	hmjau' de

9. Números. Miscelánea

cifra (f)	ကိန်းဂဏန်း	kein: ga nan:
número (m) (~ cardinal)	ကိန်း	kein:
numeral (m)	ဂဏန်းအက္ခရာ	ganan: e' kha ja
menos (m)	အနုတ်	ahnou'
más (m)	အပေါင်း	apaun:
fórmula (f)	ပုံသေနည်း	poun dhei ne:

cálculo (m)	တွက်ချက်ခြင်း	twe' che' chin:
contar (vt)	ရေတွက်သည်	jei dwe' te
calcular (vt)	ရေတွက်သည်	jei dwe' te
comparar (vt)	နှိုင်းယှဉ်သည်	hnain: shin de

¿Cuánto?	�’ဘယ်လောက်လဲ	be lau' le:
suma (f)	ပေါင်းလဒ်	paun: la'
resultado (m)	ရလဒ်	jala'
resto (m)	အကြွင်း	akjwin:

algunos, algunas ...	အချို့	achou.
poco (adv)	အနည်းငယ်	ane: nge
resto (m)	ကျန်သော	kjan de.
uno y medio	တစ်ခုခွဲ	ti' khu. khwe:
docena (f)	ဒါဇင်	da zin

en dos	တစ်ဝက်စီ	ti' we' si
en partes iguales	ညီတူညီမျှ	nji du nji hmja.
mitad (f)	တစ်ဝက်	ti' we'
vez (f)	ကြိမ်	kjein

10. Los verbos más importantes. Unidad 1

abrir (vt)	ဖွင့်သည်	hpwin. de
acabar, terminar (vt)	ပြီးသည်	pji: de
aconsejar (vt)	အကြံပေးသည်	akjan bei: de
adivinar (vt)	မှန်းဆသည်	hman za de
advertir (vt)	သတိပေးသည်	dhadi. pei: de
alabarse, jactarse (vr)	ကြွားသည်	kjwa: de

almorzar (vi)	နေ့လယ်စာစားသည်	nei. le za za de
alquilar (~ una casa)	ငှားသည်	hnga: de
amenazar (vt)	ခြိမ်းခြောက်သည်	chein: gjau' te
arrepentirse (vr)	နောင်တရသည်	naun da. ja. de
ayudar (vt)	ကူညီသည်	ku nji de
bañarse (vr)	ရေကူးသည်	jei ku: de

bromear (vi)	စနောက်သည်	sanau' te
buscar (vt)	ရှာသည်	sha de
caer (vi)	ကျလာင်းသည်	kja zin: de
callarse (vr)	နှုတ်ဆိတ်သည်	hnou' hsei' te
cambiar (vt)	ပြောင်းလဲသည်	pjaun: le: de
castigar, punir (vt)	အပြစ်ပေးသည်	apja' pei: de
cavar (vt)	တူးသည်	tu: de

cazar (vi, vt)	အမဲလိုက်သည်	ame: lai' de
cenar (vi)	ညစာစားသည်	nja. za za: de
cesar (vt)	ရပ်သည်	ja' te
coger (vt)	ဖမ်းသည်	hpan: de
comenzar (vt)	စတင်သည်	sa. tin de

comparar (vt)	နှိုင်းယှဉ်သည်	hnain: shin de
comprender (vt)	နားလည်သည်	na: le de
confiar (vt)	ယုံကြည်သည်	joun kji de
confundir (vt)	ရောထွေးသည်	jo: dwei: de
conocer (~ a alguien)	သိသည်	thi. de
contar (vt) (enumerar)	ရေတွက်သည်	jei dwe' te

contar con ...	အားကိုးသည်	a: kou: de
continuar (vt)	ဆက်လုပ်သည်	hse' lou' te
controlar (vt)	ထိန်းချုပ်သည်	htein: gjou' te
correr (vi)	ပြေးသည်	pjei: de
costar (vt)	ကုန်ကျသည်	koun kja de
crear (vt)	ဖန်တီးသည်	hpan di: de

11. Los verbos más importantes. Unidad 2

dar (vt)	ပေးသည်	pei: de
dar una pista	အရိပ်အမြွက်ပေးသည်	aji' ajmwe' pei: de
decir (vt)	ပြောသည်	pjo: de
decorar (para la fiesta)	အလှဆင်သည်	ahla. zin dhe

defender (vt)	ကာကွယ်သည်	ka gwe de
dejar caer	ဖြုတ်ချသည်	hpjou' cha. de
desayunar (vi)	နံနက်စာစားသည်	nan ne' za za: de
descender (vi)	ဆင်းသည်	hsin: de

dirigir (administrar)	ညွှန်ကြားသည်	hnjun gja: de
disculpar (vt)	ခွင့်လွှတ်သည်	khwin. hlu' te
disculparse (vr)	တောင်းပန်သည်	thaun: ban de
discutir (vt)	ဆွေးနွေးသည်	hswe: nwe: de
dudar (vt)	သံသယဖြစ်သည်	than thaja. bji' te

encontrar (hallar)	ရှာတွေ့သည်	sha dwei. de
engañar (vi, vt)	လိမ်ပြောသည်	lain bjo: de
entrar (vi)	ဝင်သည်	win de
enviar (vt)	ပို့သည်	pou. de

equivocarse (vr)	မှားသည်	hma: de
escoger (vt)	ရွေးသည်	jwei: de
esconder (vt)	ဖုံးကွယ်သည်	hpoun: gwe de
escribir (vt)	ရေးသည်	jei: de
esperar (aguardar)	စောင့်သည်	saun. de

esperar (tener esperanza)	မျှော်လင့်သည်	hmjo. lin. de
estar (vi)	ဖြစ်နေသည်	hpji' nei de
estar de acuerdo	သဘောတူသည်	dhabo: tu de
estudiar (vt)	သင်ယူလေ့လာသည်	thin ju lei. la de
exigir (vt)	တိုက်တွန်းသည်	tai' tun: de

existir (vi)	တည်ရှိသည်	ti shi. de
explicar (vt)	ရှင်းပြသည်	shin: bja. de
faltar (a las clases)	ပျက်ကွက်သည်	pje' kwe' te
firmar (~ el contrato)	လက်မှတ်ထိုးသည်	le' hma' htou: de

girar (~ a la izquierda)	ကွေ့သည်	kwei. de
gritar (vi)	အော်သည်	o de
guardar (conservar)	ထိန်းထားသည်	htein: da: de
gustar (vi)	ကြိုက်သည်	kjai' de
hablar (vi, vt)	ပြောသည်	pjo: de

hacer (vt)	ပြုလုပ်သည်	pju. lou' te
informar (vt)	အကြောင်းကြားသည်	akjaun: kja: de
insistir (vi)	တိုက်တွန်းပြောဆိုသည်	tou' tun: bjo: zou de
insultar (vt)	စော်ကားသည်	so ga: de

interesarse (vr)	စိတ်ဝင်စားသည်	sei' win za: de
invitar (vt)	ဖိတ်သည်	hpi' de
ir (a pie)	သွားသည်	thwa: de
jugar (divertirse)	ကစားသည်	gaza: de

12. Los verbos más importantes. Unidad 3

leer (vi, vt)	ဖတ်သည်	hpa' te
liberar (ciudad, etc.)	လွတ်မြောက်စေသည်	lu' mjau' sei de
llamar (por ayuda)	ခေါ်သည်	kho de
llegar (vi)	ရောက်သည်	jau' te
llorar (vi)	ငိုသည်	ngou de

matar (vt)	သတ်သည်	tha' te
mencionar (vt)	ဖော်ပြသည်	hpjo bja. de
mostrar (vt)	ပြသည်	pja. de
nadar (vi)	ရေကူးသည်	jei ku: de

negarse (vr)	ငြင်းဆန်သည်	njin: zan de
objetar (vt)	ငြင်းသည်	njin: de
observar (vt)	စောင့်ကြည့်သည်	saun. gji. de
oír (vt)	ကြားသည်	ka: de

olvidar (vt)	မေ့သည်	mei. de
orar (vi)	ရှိခိုးသည်	shi. gou: de
ordenar (mil.)	အမိန့်ပေးသည်	amin. bei: de
pagar (vi, vt)	ပေးရေ့သည်	pei: gjei de
pararse (vr)	ရပ်သည်	ja' te

participar (vi)	ပါဝင်သည်	pa win de
pedir (ayuda, etc.)	တောင်းဆိုသည်	taun: hsou: de
pedir (en restaurante)	မှာသည်	hma de
pensar (vi, vt)	ထင်သည်	htin de

percibir (ver)	သတိထားမိသည်	dhadi. da: mi. de
perdonar (vt)	ခွင့်လွှတ်သည်	khwin. hlu' te
permitir (vt)	ခွင့်ပြုသည်	khwin bju. de
pertenecer a …	ပိုင်ဆိုင်သည်	pain zain de

planear (vt)	စီစဉ်သည်	si zin de
poder (v aux)	တတ်နိုင်သည်	ta' nain de
poseer (vt)	ပိုင်ဆိုင်သည်	pain zain de
preferir (vt)	ပိုကြိုက်သည်	pou gjai' te
preguntar (vt)	မေးသည်	mei: de

preparar (la cena)	ချက်ပြုတ်သည်	che' pjou' te
prever (vt)	ကြိုမြင်သည်	kjou mjin de
probar, tentar (vt)	စမ်းကြည့်သည်	san: kji. de
prometer (vt)	ကတိပေးသည်	gadi pei: de
pronunciar (vt)	အသံထွက်သည်	athan dwe' te

proponer (vt)	အဆိုပြုသည်	ahsou bju. de
quebrar (vt)	ဖျက်ဆီးသည်	hpje' hsi: de
quejarse (vr)	တိုင်ပြောသည်	tain bjo: de
querer (amar)	ချစ်သည်	chi' te
querer (desear)	လိုရှင်သည်	lou gjin de

13. Los verbos más importantes. Unidad 4

recomendar (vt)	အကြံပြုထောက်ခံသည်	akjan pju htau' khan de
regañar, reprender (vt)	ဆူသည်	hsu. de
reírse (vr)	ရယ်သည်	je de
repetir (vt)	ထပ်လုပ်သည်	hta' lou' te
reservar (~ una mesa)	မှာသည်	hma de
responder (vi, vt)	ဖြေသည်	hpjei de

robar (vt)	ခိုးသည်	khou: de
saber (~ algo mas)	သိသည်	thi. de
salir (vi)	ထွက်သည်	htwe' te
salvar (vt)	ကယ်ဆယ်သည်	ke ze de
seguir ...	လိုက်သည်	lai' te
sentarse (vr)	ထိုင်သည်	htain de

ser (vi)	ဖြစ်သည်	hpji' te
ser necesario	အလိုရှိသည်	alou' shi. de
significar (vt)	ဆိုလိုသည်	hsou lou de
sonreír (vi)	ပြုံးသည်	pjoun: de
sorprenderse (vr)	အံ့ဩသည်	an. o. de

subestimar (vt)	လျှော့တွက်သည်	sho. dwe' de
tener (vt)	ရှိသည်	shi. de
tener hambre	ဗိုက်ဆာသည်	bai' hsa de
tener miedo	ကြောက်သည်	kjau' te

tener prisa	လောသည်	lo de
tener sed	ရေဆာသည်	jei za de
tirar, disparar (vi)	ပစ်သည်	pi' te
tocar (con las manos)	ကိုင်သည်	kain de
tomar (vt)	ယူသည်	ju de
tomar nota	ရေးထားသည်	jei: da: de

| trabajar (vi) | အလုပ်လုပ်သည် | alou' lou' te |
| traducir (vt) | ဘာသာပြန်သည် | ba dha bjan de |

unir (vt)	ပေါင်းစည်းသည်	paun: ze: de
vender (vt)	ရောင်းသည်	jaun: de
ver (vt)	မြင်သည်	mjin de
volar (pájaro, avión)	ပျံသန်းသည်	pjan dan: de

14. Los colores

color (m)	အရောင်	ajaun
matiz (m)	အသွေးအဆင်း	athwei: ahsin:
tono (m)	အရောင်အသွေး	ajaun athwei:
arco (m) iris	သက်တံ	the' tan

blanco (adj)	အဖြူရောင်	ahpju jaun
negro (adj)	အနက်ရောင်	ane' jaun
gris (adj)	ခဲရောင်	khe: jaun

verde (adj)	အစိမ်းရောင်	asain: jaun
amarillo (adj)	အဝါရောင်	awa jaun
rojo (adj)	အနီရောင်	ani jaun

azul (adj)	အပြာရောင်	apja jaun
azul claro (adj)	အပြာနုရောင်	apja nu. jaun
rosa (adj)	ပန်းရောင်	pan: jaun
naranja (adj)	လိမ္မော်ရောင်	limmo jaun
violeta (adj)	ခရမ်းရောင်	khajan: jaun
marrón (adj)	အညိုရောင်	anjou jaun

| dorado (adj) | ရွှေရောင် | shwei jaun |
| argentado (adj) | ငွေရောင် | ngwei jaun |

beige (adj)	ဝါညိုနုရောင်	wa njou nu. jaun
crema (adj)	နို့နှစ်ရောင်	nou. hni' jaun
turquesa (adj)	စိမ်းပြာရောင်	sein: bja jaun
rojo cereza (adj)	ချယ်ရီရောင်	che ji jaun
lila (adj)	ခရမ်းဖျော့ရောင်	khajan: bjo. jaun
carmesí (adj)	ကြက်သွေးရောင်	kje' thwei: jaun

claro (adj)	အရောင်ဖျော့သော	ajaun bjo. de.
oscuro (adj)	အရောင်ရင့်သော	ajaun jin. de.
vivo (adj)	တောက်ပသော	tau' pa. de.

de color (lápiz ~)	အရောင်ရှိသော	ajaun shi. de.
en colores (película ~)	ရောင်စုံ	jau' soun
blanco y negro (adj)	အဖြူအမည်း	ahpju ame:
unicolor (adj)	တစ်ရောင်တည်းရှိသော	ti' jaun te: shi. de.
multicolor (adj)	အရောင်စုံသော	ajaun zoun de.

15. Las preguntas

¿Quién?	ဘယ်သူလဲ	be dhu le:
¿Qué?	ဘာလဲ	ba le:
¿Dónde?	ဘယ်မှာလဲ	be hma le:

19

¿Adónde?	ဘယ်ကိုလဲ	be gou le:
¿De dónde?	ဘယ်ကလဲ	be ga. le:
¿Cuándo?	ဘယ်တော့လဲ	be do. le:
¿Para qué?	ဘာအတွက်လဲ	ba atwe' le:
¿Por qué?	ဘာကြောင့်လဲ	ba gjaun. le:

¿Por qué razón?	ဘာအတွက်လဲ	ba atwe' le:
¿Cómo?	ဘယ်လိုလဲ	be lau le:
¿Qué ...? (~ color)	ဘယ်လိုမျိုးလဲ	be lau mjou: le:
¿Cuál?	ဘယ်ဟာလဲ	be ha le:

¿A quién?	ဘယ်သူ့ကိုလဲ	be dhu. gou le:
¿De quién? (~ hablan ...)	ဘယ်သူ့အကြောင်းလဲ	be dhu. kjaun: le:
¿De qué?	ဘာအကြောင်းလဲ	ba akjain: le:
¿Con quién?	ဘယ်သူနဲ့လဲ	be dhu ne. le:

| ¿Cuánto? | ဘယ်လောက်လဲ | be lau' le: |
| ¿De quién? | ဘယ်သူ့ | be dhu. |

16. Las preposiciones

con ... (~ algn)	နဲ့အတူ	ne. atu
sin ... (~ azúcar)	မပါဘဲ	ma. ba be:
a ... (p.ej. voy a México)	သို့	thou.
de ... (hablar ~)	အကြောင်း	akjaun:
antes de ...	မတိုင်မီ	ma. dain mi
delante de ...	ရှေ့မှာ	shei. hma

debajo	အောက်မှာ	au' hma
sobre ..., encima de ...	အပေါ်မှာ	apo hma
en, sobre (~ la mesa)	အပေါ်	apo
de (origen)	မှ	hma.
de (fabricado de)	ဖြင့်	hpjin.

| dentro de ... | နောက် | nau' |
| encima de ... | ဖြတ်လျက် | hpja' lje' |

17. Las palabras útiles. Los adverbios. Unidad 1

¿Dónde?	ဘယ်မှာလဲ	be hma le:
aquí (adv)	ဒီမှာ	di hma
allí (adv)	ဟိုမှာ	hou hma.

| en alguna parte | တစ်နေရာရာမှာ | ti' nei ja ja hma |
| en ninguna parte | ဘယ်မှာမှ | be hma hma. |

| junto a ... | နားမှာ | na: hma |
| junto a la ventana | ပြတင်းပေါက်နားမှာ | badin: pau' hna: hma |

¿A dónde?	ဘယ်ကိုလဲ	be gou le:
aquí (venga ~)	ဒီဘက်ကို	di be' kou
allí (vendré ~)	ဟိုဘက်ကို	hou be' kou

de aquí (adv)	ဒီဘက်မှ	di be' hma
de allí (adv)	ဟိုဘက်မှ	hou be' hma.
cerca (no lejos)	နီးသည်	ni: de
lejos (adv)	အဝေးမှာ	awei: hma
cerca de ...	နားမှာ	na: hma
al lado (de ...)	ဘေးမှာ	bei: hma
no lejos (adv)	မနီးမဝေး	ma. ni ma. wei:
izquierdo (adj)	ဘယ်	be
a la izquierda (situado ~)	ဘယ်ဘက်မှာ	be be' hma
a la izquierda (girar ~)	ဘယ်ဘက်	be be'
derecho (adj)	ညာဘက်	nja be'
a la derecha (situado ~)	ညာဘက်မှာ	nja be' hma
a la derecha (girar)	ညာဘက်	nja be'
delante (yo voy ~)	ရှေ့မှာ	shei. hma
delantero (adj)	ရှေ့	shei.
adelante (movimiento)	ရှေ့	shei.
detrás de ...	နောက်မှာ	nau' hma
desde atrás	နောက်က	nau' ka.
atrás (da un paso ~)	နောက်	nau'
centro (m), medio (m)	အလယ်	ale
en medio (adv)	အလယ်မှာ	ale hma
de lado (adv)	ဘေးမှာ	bei: hma
en todas partes	နေရာတိုင်းမှာ	nei ja dain: hma
alrededor (adv)	ပတ်လည်မှာ	pa' le hma
de dentro (adv)	အထဲမှ	a hte: hma.
a alguna parte	တစ်နေရာရာကို	ti' nei ja ja gou
todo derecho (adv)	တိုက်ရိုက်	tai' jai'
atrás (muévelo para ~)	အပြန်	apjan
de alguna parte (adv)	တစ်နေရာရာမှ	ti' nei ja ja hma.
no se sabe de dónde	တစ်နေရာရာမှ	ti' nei ja ja hma.
primero (adv)	ပထမအနေဖြင့်	pahtama. anei gjin.
segundo (adv)	ဒုတိယအနေဖြင့်	du. di. ja. anei bjin.
tercero (adv)	တတိယအနေဖြင့်	tati. ja. anei bjin.
de súbito (adv)	မတော်တဆ	ma. do da. za.
al principio (adv)	အစမှာ	asa. hma
por primera vez	ပထမဆုံး	pahtama. zoun:
mucho tiempo antes ...	မတိုင်ခင် အတော်လေး အလိုက	ma. dain gin ato lei: alou ga.
de nuevo (adv)	အသစ်တဖန်	athi' da. ban
para siempre (adv)	အမြဲတမ်း	amje: dan:
jamás, nunca (adv)	�’ယ်တော့မှ	be do hma.
de nuevo (adv)	တဖန်	tahpan
ahora (adv)	အခုတော့	akhu dau.
frecuentemente (adv)	ခဏခဏ	khana. khana.

entonces (adv)	ထိုအခြိုဖြစ်လျှင်	htou dhou. bji' shin
urgentemente (adv)	အမြန်	aman
usualmente (adv)	ပုံမှန်	poun hman

a propósito, ...	စကားမစပ်	zaga: ma. za'
es probable	ဖြစ်နိုင်သည်	hpjin nain de
probablemente (adv)	ဖြစ်နိုင်သည်	hpji' nein de
tal vez	ဖြစ်နိုင်သည်	hpji' nein de
además ...	ဒါအပြင်	da. apjin
por eso ...	ဒါကြောင့်	da gjaun.
a pesar de ...	သော်လည်း	tho lei:
gracias a ...	ကြောင့်	kjaun.

qué (pron)	ဘာ	ba
que (conj)	ဟု	hu
algo (~ le ha pasado)	တစ်ခုခု	ti' khu. gu.
algo (~ así)	တစ်ခုခု	ti' khu. gu.
nada (f)	ဘာမှ	ba hma.

quien	ဘယ်သူ	be dhu.
alguien (viene ~)	တစ်ယောက်ယောက်	ti' jau' jau'
alguien (¿ha llamado ~?)	တစ်ယောက်ယောက်	ti' jau' jau'

nadie	ဘယ်သူမှ	be dhu hma.
a ninguna parte	ဘယ်ကိုမှ	be gou hma.
de nadie	ဘယ်သူမှမပိုင်သော	be dhu hma ma. bain de.
de alguien	တစ်ယောက်ယောက်ရဲ့	ti' jau' jau' je.

tan, tanto (adv)	ဒီလို	di lou
también (~ habla francés)	ထို့ပြင်လည်း	htou. bjin le:
también (p.ej. Yo ~)	လည်း�’	le: be:

18. Las palabras útiles. Los adverbios. Unidad 2

¿Por qué?	ဘာကြောင့်လဲ	ba gjaun. le:
no se sabe porqué	တစ်ခုခုကြောင့်	ti' khu. gu. gjaun.
porque ...	အဘယ်ကြောင့်ဆိုသော်	abe gjo:n. zou dho
por cualquier razón (adv)	တစ်ခုခုအတွက်	ti' khu. gu. atwe'

y (p.ej. uno y medio)	နှင့်	hnin.
o (p.ej. té o café)	သို့မဟုတ်	thou. ma. hou'
pero (p.ej. me gusta, ~)	ဒါပေမဲ့	da bei me.
para (p.ej. es para ti)	အတွက်	atwe'

demasiado (adv)	အလွန်	alun
sólo, solamente (adv)	သာ	tha
exactamente (adv)	အတိအကျ	ati. akja.
unos ...,	ခန့်	khan.
cerca de ... (~ 10 kg)		

aproximadamente	ခန့်မှန်းခြေအားဖြင့်	khan hman: gjei a: bjin.
aproximado (adj)	ခန့်မှန်းခြေဖြစ်သော	khan hman: gjei bji' te.
casi (adv)	နီးပါး	ni: ba:
resto (m)	ကျန်သော	kjan de.

el otro (adj)	တခြားသော	tacha: de.
otro (p.ej. el otro día)	အခြားသော	apja: de.
cada (adj)	တိုင်း	tain:
cualquier (adj)	မဆို	ma. zou
mucho (innum.)	အများကြီး	amja: gji:
mucho (num.)	အမြောက်အများ	amjau' amja:
muchos (mucha gente)	များစွာသော	mja: zwa de.
todos	အားလုံး	a: loun:

a cambio de ...	အစား	asa:
en cambio (adv)	အစား	asa:
a mano (hecho ~)	လက်ဖြင့်	le' hpjin.
poco probable	ဖြစ်နိုင်ခြေ နည်းသည်	hpji' nain gjei ni: de

probablemente	ဖြစ်နိုင်သည်	hpji' nein de
a propósito (adv)	တမင်	tamin
por accidente (adv)	အမှတ်တမဲ့	ahma' ta. me.

muy (adv)	သိပ်	thei'
por ejemplo (adv)	ဥပမာအားဖြင့်	upama a: bjin.
entre (~ nosotros)	ကြား	kja:
entre (~ otras cosas)	ကြားထဲတွင်	ka: de: dwin:
tanto (~ gente)	ဒီလောက်	di lau'
especialmente (adv)	အထူးသဖြင့်	a htu: dha. hjin.

Conceptos básicos. Unidad 2

19. Los días de la semana

lunes (m)	တနင်္လာ	tanin: la
martes (m)	အင်္ဂါ	in ga
miércoles (m)	ဗုဒ္ဓဟူး	bou' da. hu:
jueves (m)	ကြာသပတေး	kja dha ba. dei:
viernes (m)	သောကြာ	thau' kja
sábado (m)	စနေ	sanei
domingo (m)	တနင်္ဂနွေ	tanin: ganwei
hoy (adv)	ယနေ့	ja. nei.
mañana (adv)	မနက်ဖြန်	mane' bjan
pasado mañana	သဘက်ခါ	dhabe' kha
ayer (adv)	မနေ့က	ma. nei. ka.
anteayer (adv)	တနေ့က	ta. nei. ga.
día (m)	နေ့	nei.
día (m) de trabajo	ရုံးဖွင့်ရက်	joun: hpwin je'
día (m) de fiesta	ပွဲတော်ရက်	pwe: do je'
día (m) de descanso	ရုံးပိတ်ရက်	joun: bei' je'
fin (m) de semana	ရုံးပိတ်ရက်များ	joun: hpwin je' mja:
todo el día	တနေ့လုံး	ta. nei. loun:
al día siguiente	နောက်နေ့	nau' nei.
dos días atrás	လွန်ခဲ့သော နှစ်ရက်က	lun ge: de. hni' ja' ka.
en vísperas (adv)	အကြိုနေ့မှာ	akjou nei. hma
diario (adj)	နေ့စဉ်	nei. zin
cada día (adv)	နေ့တိုင်း	nei dain:
semana (f)	ရက်သတ္တပတ်	je' tha' daba'
semana (f) pasada	ပြီးခဲ့တဲ့အပတ်က	pji: ge. de. apa' ka.
semana (f) que viene	လာမယ့်အပတ်မှာ	la. me. apa' hma
semanal (adj)	အပတ်စဉ်	apa' sin
cada semana (adv)	အပတ်စဉ်	apa' sin
2 veces por semana	တစ်ပတ် နှစ်ကြိမ်	ti' pa' hni' kjein
todos los martes	အင်္ဂါနေ့တိုင်း	in ga nei. dain:

20. Las horas. El día y la noche

mañana (f)	နံနက်ခင်း	nan ne' gin:
por la mañana	နံနက်ခင်းမှာ	nan ne' gin: hma
mediodía (m)	မွန်းတည့်	mun: de.
por la tarde	နေ့လယ်စာစားချိန်ပြီးနောက်	nei. le za za: gjein bji: nau'
noche (f)	ညနေခင်း	nja. nei gin:
por la noche	ညနေခင်းမှာ	nja. nei gin: hma

noche (f) (p.ej. 2:00 a.m.)	ည	nja
por la noche	ညမှာ	nja hma
medianoche (f)	သန်းခေါင်ယံ	than: gaun jan
segundo (m)	စက္ကန့်	se' kan.
minuto (m)	မိနစ်	mi. ni'
hora (f)	နာရီ	na ji
media hora (f)	နာရီဝက်	na ji we'
cuarto (m) de hora	ဆယ့်ငါးမိနစ်	hse. nga: mi. ni'
quince minutos	၁၅ မိနစ်	ta' hse. nga: mi ni'
veinticuatro horas	နှစ်ဆယ်လေးနာရီ	hni' hse lei: na ji
salida (f) del sol	နေထွက်ချိန်	nei dwe' gjein
amanecer (m)	အာရုဏ်ဦး	a joun u:
madrugada (f)	နံနက်စောစော	nan ne' so: zo:
puesta (f) del sol	နေဝင်ချိန်	nei win gjein
de madrugada	နံနက်အစောပိုင်း	nan ne' aso: bain:
esta mañana	ယနေ့နံနက်	ja. nei. nan ne'
mañana por la mañana	မနက်ဖြန်နံနက်	mane' bjan nan ne'
esta tarde	ယနေ့နေ့လယ်	ja. nei. nei. le
por la tarde	နေ့လယ်စာစားချိန်ပြီးနောက်	nei. le za za: gjein bji: nau'
mañana por la tarde	မနက်ဖြန်မွန်းလွဲပိုင်း	mane' bjan mun: lwe: bain:
esta noche (p.ej. 8:00 p.m.)	ယနေ့ညနေ	ja. nei. nja. nei
mañana por la noche	မနက်ဖြန်ညနေ	mane' bjan nja. nei
a las tres en punto	၃ နာရီတွင်	thoun: na ji dwin
a eso de las cuatro	၄ နာရီခန့်တွင်	lei: na ji khan dwin
para las doce	၁၂ နာရီအရောက်	hse. hni' na ji ajau'
dentro de veinte minutos	နောက် မိနစ် ၂၀ မှာ	nau' mi. ni' hni' se hma
dentro de una hora	နောက်တစ်နာရီမှာ	nau' ti' na ji hma
a tiempo (adv)	အချိန်ကိုက်	achein kai'
… menos cuarto	မတ်တင်း	ma' tin:
durante una hora	တစ်နာရီအတွင်း	ti' na ji atwin:
cada quince minutos	၁၅ မိနစ်တိုင်း	ta' hse. nga: mi ni' htain:
día y noche	၂၄ နာရီလုံး	hna' hse. lei: na ji

21. Los meses. Las estaciones

enero (m)	ဇန်နဝါရီလ	zan na. wa ji la
febrero (m)	ဖေဖော်ဝါရီလ	hpei bo wa ji la
marzo (m)	မတ်လ	ma' la.
abril (m)	ဧပြီလ	ei bji la.
mayo (m)	မေလ	mei la.
junio (m)	ဇွန်လ	zun la.
julio (m)	ဇူလိုင်လ	zu lain la.
agosto (m)	သြဂုတ်လ	o: gou' la.
septiembre (m)	စက်တင်ဘာလ	sa' htin ba la.
octubre (m)	အောက်တိုဘာလ	au' tou ba la

| noviembre (m) | နိုဝင်ဘာလ | nou win ba la. |
| diciembre (m) | ဒီဇင်ဘာလ | di zin ba la. |

primavera (f)	နွေဦးရာသီ	nwei: u: ja dhi
en primavera	နွေဦးရာသီမှာ	nwei: u: ja dhi hma
de primavera (adj)	နွေဦးရာသီနှင့်ဆိုင်သော	nwei: u: ja dhi hnin. zain de.

verano (m)	နွေရာသီ	nwei: ja dhi
en verano	နွေရာသီမှာ	nwei: ja dhi hma
de verano (adj)	နွေရာသီနှင့်ဆိုင်သော	nwei: ja dhi hnin. zain de.

otoño (m)	ဆောင်းဦးရာသီ	hsaun: u: ja dhi
en otoño	ဆောင်းဦးရာသီမှာ	hsaun: u: ja dhi hma
de otoño (adj)	ဆောင်းဦးရာသီနှင့်ဆိုင်သော	hsaun: u: ja dhi hnin. zain de.

invierno (m)	ဆောင်းရာသီ	hsaun: ja dhi
en invierno	ဆောင်းရာသီမှာ	hsaun: ja dhi hma
de invierno (adj)	ဆောင်းရာသီနှင့်ဆိုင်သော	hsaun: ja dhi hnin. zain de.

mes (m)	လ	la.
este mes	ဒီလ	di la.
al mes siguiente	နောက်လ	nau' la
el mes pasado	ယခင်လ	jakhin la.

hace un mes	ပြီးခဲ့တဲ့တစ်လကျော်	pji: ge. de. di' la. gjo
dentro de un mes	နောက်တစ်လကျော်	nau' ti' la. gjo
dentro de dos meses	နောက်နှစ်လကျော်	nau' hni' la. gjo
todo el mes	တစ်လလုံး	ti' la. loun:
todo un mes	တစ်လလုံး	ti' la. loun:

mensual (adj)	လစဉ်	la. zin
mensualmente (adv)	လစဉ်	la. zin
cada mes	လတိုင်း	la. dain:
dos veces por mes	တစ်လနှစ်ကြိမ်	ti' la. hni' kjein:

año (m)	နှစ်	hni'
este año	ဒီနှစ်မှာ	di hna' hma
el próximo año	နောက်နှစ်မှာ	nau' hni' hnma
el año pasado	ယခင်နှစ်မှာ	jakhin hni' hma

hace un año	ပြီးခဲ့တဲ့တစ်နှစ်ကျော်က	pji: ge. de. di' hni' kjo ga.
dentro de un año	နောက်တစ်နှစ်ကျော်	nau' ti' hni' gjo
dentro de dos años	နောက်နှစ်နှစ်ကျော်	nau' hni' hni' gjo
todo el año	တစ်နှစ်လုံး	ti' hni' loun:
todo un año	တစ်နှစ်လုံး	ti' hni' loun:

cada año	နှစ်တိုင်း	hni' tain:
anual (adj)	နှစ်စဉ်ဖြစ်သော	hni' san bji' te.
anualmente (adv)	နှစ်စဉ်	hni' san
cuatro veces por año	တစ်နှစ်လေးကြိမ်	ti' hni' lei: gjein

fecha (f) (la ~ de hoy es ...)	နေ့စွဲ	nei. zwe:
fecha (f) (~ de entrega)	ရက်စွဲ	je' swe:
calendario (m)	ပြက္ခဒိန်	pje' gadein
medio año (m)	နှစ်ဝက်	hni' we'
seis meses	နှစ်ဝက်	hni' we'

| estación (f) | ရာသီ | ja dhi |
| siglo (m) | ရာစု | jazu. |

22. Las unidades de medida

peso (m)	အလေးချိန်	alei: gjein
longitud (f)	အရှည်	ashei
anchura (f)	အကျယ်	akje
altura (f)	အမြင့်	amjin.
profundidad (f)	အနက်	ane'
volumen (m)	ထုထည်	du. de
área (f)	အကျယ်အဝန်း	akje awun:

gramo (m)	ဂရမ်	ga ran
miligramo (m)	မီလီဂရမ်	mi li ga. jan
kilogramo (m)	ကီလိုဂရမ်	ki lou ga jan
tonelada (f)	တန်	tan
libra (f)	ပေါင်	paun
onza (f)	အောင်စ	aun sa.

metro (m)	မီတာ	mi ta
milímetro (m)	မီလီမီတာ	mi li mi ta
centímetro (m)	စင်တီမီတာ	sin ti mi ta
kilómetro (m)	ကီလိုမီတာ	ki lou mi ta
milla (f)	မိုင်	main

pulgada (f)	လက်မ	le' ma
pie (m)	ပေ	pei
yarda (f)	ကိုက်	kou'

| metro (m) cuadrado | စတုရန်းမီတာ | satu. jan: mi ta |
| hectárea (f) | ဟက်တာ | he' ta |

litro (m)	လီတာ	li ta
grado (m)	ဒီဂရီ	di ga ji
voltio (m)	ဗို့	boi.
amperio (m)	အမ်ပီယာ	an bi ja
caballo (m) de fuerza	မြင်းကောင်ရေအား	mjin: gaun jei a:

cantidad (f)	အရေအတွက်	ajei adwe'
un poco de ...	နည်းနည်း	ne: ne:
mitad (f)	တစ်ဝက်	ti' we'

| docena (f) | ဒါဇင် | da zin |
| pieza (f) | ခု | khu. |

| dimensión (f) | အတိုင်းအတာ | atain: ata |
| escala (f) (del mapa) | စကေး | sakei: |

mínimo (adj)	အနည်းဆုံး	ane: zoun
el más pequeño (adj)	အသေးဆုံး	athei: zoun:
medio (adj)	အလယ်အလတ်	ale ala'
máximo (adj)	အများဆုံး	amja: zoun:
el más grande (adj)	အကြီးဆုံး	akji: zoun:

23. Contenedores

tarro (m) de vidrio	ဖန်ဘူး	hpan bu:
lata (f)	သံဘူး	than bu:
cubo (m)	ရေပုံး	jei boun:
barril (m)	စည်ပိုင်း	si bain:
palangana (f)	ဇလုံ	za loun
tanque (m)	သံစည်	than zi
petaca (f) (de alcohol)	အရက်ပုလင်းပြား	aje' pu lin: pja:
bidón (m) de gasolina	ဓာတ်ဆီပုံး	da' hsi boun:
cisterna (f)	တိုင်ကီ	tain ki
taza (f) (mug de cerámica)	မတ်ခွက်	ma' khwe'
taza (f) (~ de café)	ခွက်	khwe'
platillo (m)	အောက်ခံပန်းကန်ပြား	au' khan ban: kan pja:
vaso (m) (~ de agua)	ဖန်ခွက်	hpan gwe'
copa (f) (~ de vino)	ဝိုင်ခွက်	wain gwe'
olla (f)	ပေါင်းအိုး	paun: ou:
botella (f)	ပုလင်း	palin:
cuello (m) de botella	ပုလင်းလည်ပင်	palin: le bin:
garrafa (f)	ဖန်ချိုင့်	hpan gjain.
jarro (m) (~ de agua)	ကရား	kaja:
recipiente (m)	အိုးခွက်	ou: khwe'
tarro (m)	မြေအိုး	mjei ou:
florero (m)	ပန်းအိုး	pan: ou:
frasco (m) (~ de perfume)	ပုလင်း	palin:
frasquito (m)	ပုလင်းကလေး	palin: galei:
tubo (m)	ဘူး	bu:
saco (m) (~ de azúcar)	ဂုန်နီအိတ်	goun ni ei'
bolsa (f) (~ plástica)	အိတ်	ei'
paquete (m) (~ de cigarrillos)	ဘူး	bu:
caja (f)	စက္ကူဘူး	se' ku bu:
cajón (m) (~ de madera)	သေတ္တာ	thi' ta
cesta (f)	တောင်း	taun:

EL SER HUMANO

El ser humano. El cuerpo

24. La cabeza

cabeza (f)	ခေါင်း	gaun:
cara (f)	မျက်နှာ	mje' hna
nariz (f)	နှာခေါင်း	hna gaun:
boca (f)	ပါးစပ်	pa: zi'
ojo (m)	မျက်စိ	mje' si.
ojos (m pl)	မျက်စိများ	mje' si. mja:
pupila (f)	သူငယ်အိမ်	thu nge ein
ceja (f)	မျက်ခုံး	mje' khoun:
pestaña (f)	မျက်တောင်	mje' taun
párpado (m)	မျက်ခွံ	mje' khwan
lengua (f)	လျှာ	sha
diente (m)	သွား	thwa:
labios (m pl)	နှုတ်ခမ်း	hna' khan:
pómulos (m pl)	ပါးရိုး	pa: jou:
encía (f)	သွားဖုံး	thwahpoun:
paladar (m)	အာခေါင်	a gaun
ventanas (f pl)	နှာခေါင်းပေါက်	hna gaun: bau'
mentón (m)	မေးစေ့	mei: zei.
mandíbula (f)	မေးရိုး	mei: jou:
mejilla (f)	ပါး	pa:
frente (f)	နဖူး	na. hpu:
sien (f)	နားထင်	na: din
oreja (f)	နားရွက်	na: jwe'
nuca (f)	နောက်စေ့	nau' sei.
cuello (m)	လည်ပင်း	le bin:
garganta (f)	လည်ချောင်း	le gjaun:
pelo, cabello (m)	ဆံပင်	zabin
peinado (m)	ဆံပင်ပုံစံ	zabin boun zan
corte (m) de pelo	ဆံပင်ညှပ်သည့်ပုံစံ	zabin hnja' thi. boun zan
peluca (f)	ဆံပင်တု	zabin du.
bigote (m)	နှုတ်ခမ်းမွေး	hnou' khan: hmwei:
barba (f)	မုတ်ဆိတ်မွေး	mou' hsei' hmwei:
tener (~ la barba)	အရှည်ထားသည်	ashei hta: de
trenza (f)	ကျစ်ဆံမြီး	kji' zan mji:
patillas (f pl)	ပါးသိုင်းမွေး	pa: dhain: hmwei:
pelirrojo (adj)	ဆံပင်အနီရောင်ရှိသော	zabin ani jaun shi. de
gris, canoso (adj)	အရောင်ဖျော့သော	ajaun bjo. de.

calvo (adj)	ထိပ်ပြောင်သော	htei' pjaun de.
calva (f)	ဆံပင်ကျွတ်နေသောနေရာ	zabin kju' nei dho nei ja
cola (f) de caballo	မြင်းမြီးပုံစံဆံပင်	mjin: mji: boun zan zan bin
flequillo (m)	ဆံရစ်	hsaji'

25. El cuerpo

mano (f)	လက်	le'
brazo (m)	လက်မောင်း	le' maun:
dedo (m)	လက်ချောင်း	le' chaun:
dedo (m) del pie	ခြေချောင်း	chei gjaun:
dedo (m) pulgar	လက်မ	le' ma
dedo (m) meñique	လက်သန်း	le' than:
uña (f)	လက်သည်းစွဲ	le' the: dou' tan zin:
puño (m)	လက်သီး	le' thi:
palma (f)	လက်ဝါး	le' wa:
muñeca (f)	လက်ကောက်ဝတ်	le' kau wa'
antebrazo (m)	လက်ဖျံ	le' hpjan
codo (m)	တံတောင်ဆစ်	daduan zi'
hombro (m)	ပခုံး	pakhoun:
pierna (f)	ခြေထောက်	chei htau'
planta (f)	ခြေထောက်	chei htau'
rodilla (f)	ဒူး	du:
pantorrilla (f)	ခြေသလုံးကြွက်သား	chei dha. loun: gjwe' dha:
cadera (f)	တင်ပါး	tin ba:
talón (m)	ခြေဖနောင့်	chei ba. naun.
cuerpo (m)	ခန္ဓာကိုယ်	khan da kou
vientre (m)	ဗိုက်	bai'
pecho (m)	ရင်ဘတ်	jin ba'
seno (m)	နို့	nou.
lado (m), costado (m)	နံပါး	nan ba:
espalda (f)	ကျော	kjo:
zona (f) lumbar	ခါးအောက်ပိုင်း	kha: au' pain:
cintura (f), talle (m)	ခါး	kha:
ombligo (m)	ချက်	che'
nalgas (f pl)	တင်ပါး	tin ba:
trasero (m)	နောက်ပိုင်း	nau' pain:
lunar (m)	မဲ့	hme.
marca (f) de nacimiento	မွေးရာပါအမှတ်	mwei: ja ba ahma'
tatuaje (m)	တက်တူး	te' tu:
cicatriz (f)	အမာရွတ်	ama ju'

La ropa y los accesorios

26. La ropa exterior. Los abrigos

ropa (f)	အဝတ်အစား	awu' aza:
ropa (f) de calle	အပေါ်ဝတ်အကျႍ	apo we' in: gji
ropa (f) de invierno	ဆောင်းတွင်းဝတ်အဝတ်အစား	hsaun; dwin; wu' awu' asa:
abrigo (m)	ကုတ်အကျႍရှည်	kou' akji shi
abrigo (m) de piel	သားမွေးအနွေးထည်	tha: mwei: anwei: de
abrigo (m) corto de piel	အမွေးပွအဝေါ်အကျႍ	ahmwei pwa po akji.
chaqueta (f) plumón	ငှက်မွေးကုတ်အကျႍ	hnge' hmwei: kou' akji.
cazadora (f)	အပေါ်အကျႍ	apo akji.
impermeable (m)	မိုးကာအကျႍ	mou: ga akji
impermeable (adj)	ရေလုံသော	jei loun de.

27. Ropa de hombre y mujer

camisa (f)	ရှပ်အကျႍ	sha' in gji
pantalones (m pl)	ဘောင်းဘီ	baun: bi
jeans, vaqueros (m pl)	ဂျင်းဘောင်းဘီ	gjin; bain: bi
chaqueta (f), saco (m)	အပေါ်အကျႍ	apo akji.
traje (m)	အနောက်တိုင်းဝတ်စုံ	anau' tain: wu' saun
vestido (m)	ဂါဝန်	ga wun
falda (f)	စကတ်	saka'
blusa (f)	ဘလောက်စ်အကျႍ	ba. lau' s in: gji
rebeca (f), chaqueta (f) de punto	ကြယ်သီးပါသော အနွေးထည်	kje dhi: ba de. anwei: dhe
chaqueta (f)	အပေါ်ဖုံးအကျႍ	apo hpoun akji.
camiseta (f) (T-shirt)	တီရှပ်	ti shi'
pantalones (m pl) cortos	ဘောင်းဘီတို	baun: bi dou
traje (m) deportivo	အားကစားဝတ်စုံ	a: gaza: wu' soun
bata (f) de baño	ရေချိုးခန်းဝတ်စုံ	jei gjou: gan: wu' soun
pijama (m)	ညအိပ်ဝတ်စုံ	nja a' wu' soun
suéter (m)	ဆွယ်တာ	hswe da
pulóver (m)	ဆွယ်တာ	hswe da
chaleco (m)	ဝစ်ကုတ်	wi' kou'
frac (m)	တေးလိကုတ်အကျႍ	tei: l kou' in: gji
esmoquin (m)	ညစာစားပွဲဝတ်စုံ	nja. za za: bwe' wu' soun
uniforme (m)	တူညီဝတ်စုံ	tu nji wa' soun
ropa (f) de trabajo	အလုပ်ဝင် ဝတ်စုံ	alou' win wu' zoun
mono (m)	စက်ရုံဝတ်စုံ	se' joun wu' soun
bata (f) (p. ej. ~ blanca)	ဂျူတိကုတ်	gju di gou'

28. La ropa. La ropa interior

ropa (f) interior	အတွင်းခံ	atwin: gan
bóxer (m)	ယောက်ျားဝတ်အတွင်းခံ	jau' kja: wu' atwin: gan
bragas (f pl)	မိန်းကလေးဝတ်အတွင်းခံ	mein: galei: wa' atwin: gan
camiseta (f) interior	စွပ်ကျယ်	su' kje
calcetines (m pl)	ခြေအိတ်များ	chei ei' mja:
camisón (m)	ညအိပ်ဝါဂါဝန်ရှည်	nja a' ga wun she
sostén (m)	ဘရာစီယာ	ba ra si ja
calcetines (m pl) altos	ခြေအိတ်ရှည်	chei ei' shi
pantimedias (f pl)	အသားကပ်-ဘောင်းဘီရှည်	atha: ka' baun: bi shei
medias (f pl)	စတော့ကင်	sato. kin
traje (m) de baño	ရေကူးဝတ်စုံ	jei ku: wa' zoun

29. Gorras

gorro (m)	ဦးထုပ်	u: htou'
sombrero (m) de fieltro	ဦးထုပ်ပျော့	u: htou' pjo.
gorra (f) de béisbol	ရှာဒိုးဦးထုပ်	sha dou: u: dou'
gorra (f) plana	လူကြီးဆောင်းဦးထုပ်ပြား	lu gji: zaun: u: dou' pja:
boina (f)	ဘယ်ရီဦးထုပ်	be ji u: htu'
capuchón (m)	အကျိုတွင်ပါသော ခေါင်းစွပ်	akji. twin pa dho: gaun: zu'
panamá (m)	ဦးထုပ်အဝိုင်း	u: htou' awain:
gorro (m) de punto	သိုးမွေးခေါင်းစွပ်	thou: mwei: gaun: zu'
pañuelo (m)	ခေါင်းစည်းပုဝါ	gaun: zi: bu. wa
sombrero (m) de mujer	အမျိုးသမီးဆောင်းဦးထုပ်	amjou: dhami: zaun: u: htou'
casco (m) (~ protector)	ဦးထုပ်အမာ	u: htou' ama
gorro (m) de campaña	တပ်မတော်သုံးဦးထုပ်	ta' mado dhoun: u: dou'
casco (m) (~ de moto)	အမာစားဦးထုပ်	ama za: u: htou'
bombín (m)	ဦးထုပ်လုံး	u: htou' loun:
sombrero (m) de copa	ဦးထုပ်မြင့်	u: htou' mjin.

30. El calzado

calzado (m)	ဖိနပ်	hpana'
botas (f pl)	ရှူးဖိနပ်	shu: hpi. na'
zapatos (m pl) (~ de tacón bajo)	မိန်းကလေးစီးရှူးဖိနပ်	mein: galei: zi: shu: bi. na'
botas (f pl) altas	လည်ရှည်ဖိနပ်	le she bi. na'
zapatillas (f pl)	အိမ်တွင်းစီးကွင်းထိုးဖိနပ်	ein dwin:
tenis (m pl)	အားကစားဖိနပ်	a: gaza: bana'
zapatillas (f pl) de lona	ပတ္တူဖိနပ်	pa' tu bi. na'
sandalias (f pl)	ကြိုးသိုင်းဖိနပ်	kjou: dhain: bi. na'
zapatero (m)	ဖိနပ်ချုပ်သမား	hpana' chou' tha ma:
tacón (m)	ဒေါက်	dau'

par (m)	အစုံ	asoun.
cordón (m)	ဖိနပ်ကြိုး	hpana' kjou:
encordonar (vt)	ဖိနပ်ကြိုးချည်သည်	hpana' kjou: gjin de
calzador (m)	ဖိနပ်စီးရာတွင်သုံး သည့် ဖိနပ်ကော်	hpana' si: ja dhwin dhoun: dhin. hpana' ko
betún (m)	ဖိနပ်တိုက်ဆေး	hpana' tou' hsei:

31. Accesorios personales

guantes (m pl)	လက်အိတ်	lei' ei'
manoplas (f pl)	နှစ်ကန့်လက်အိတ်	hni' kan. le' ei'
bufanda (f)	မာဖလာ	ma ba. la

gafas (f pl)	မျက်မှန်	mje' hman
montura (f)	မျက်မှန်ကိုင်း	mje' hman gain:
paraguas (m)	ထီး	hti:
bastón (m)	တုတ်ကောက်	tou' kau'
cepillo (m) de pelo	ခေါင်းဘီး	gaun: bi:
abanico (m)	ပန်ကန်	pan gan

corbata (f)	လည်စည်း	le zi:
pajarita (f)	ဖဲပြားပုံလည်စည်း	hpe: bja: boun le zi:
tirantes (m pl)	�‌ဘောင်းဘီသိုင်းကြိုး	baun: bi dhain: gjou:
moquero (m)	လက်ကိုင်ပုဝါ	le' kain bu. wa

peine (m)	ဘီး	bi:
pasador (m) de pelo	ဆံညှပ်	hsan hnja'
horquilla (f)	ကလစ်	kali'
hebilla (f)	ခါးပတ်ခေါင်း	kha: ba' khaun:

| cinturón (m) | ခါးပတ် | kha: ba' |
| correa (f) (de bolso) | ပုခုံးသိုင်းကြိုး | pu. goun: dhain: gjou: |

bolsa (f)	လက်ကိုင်အိတ်	le' kain ei'
bolso (m)	မိန်းကလေးပုခုံးလွယ်အိတ်	mein: galei: bou goun: lwe ei'
mochila (f)	‌ကျောပိုးအိတ်	kjo: bou: ei'

32. La ropa. Miscelánea

moda (f)	ဖက်ရှင်	hpe' shin
de moda (adj)	‌ခေတ်မီသော	khi' mi de.
diseñador (m) de moda	ဖက်ရှင်ဒီဇိုင်နာ	hpe' shin di zain na

cuello (m)	အကျိ‌ကော်လာ	akji. ko la
bolsillo (m)	အိတ်ကပ်	ei' ka'
de bolsillo (adj)	အိတ်�‌ဆောင်	ei' hsaun
manga (f)	အကျိလက်	akji. le'
presilla (f)	အကျိချိတ်ကွင်း	akji. gjei' kwin:
braqueta (f)	‌ဘောင်းဘီလျှာဆက်	baun: bi ja ze'

| cremallera (f) | ဇစ် | zi' |
| cierre (m) | ချိတ်စရာ | che' zaja |

botón (m)	ကြယ်သီး	kje dhi:
ojal (m)	ကြယ်သီးပေါက်	kje dhi: bau'
saltar (un botón)	ပြုတ်ထွက်သည်	pjou' htwe' te

coser (vi, vt)	စက်ချုပ်သည်	se' khjou' te
bordar (vt)	ပန်းထိုးသည်	pan: dou: de
bordado (m)	ပန်းထိုးခြင်း	pan: dou: gjin:
aguja (f)	အပ်	a'
hilo (m)	အပ်ချည်	a' chi
costura (f)	ချုပ်ရိုး	chou' jou:

ensuciarse (vr)	ညစ်ပေသွားသည်	nji' pei dhwa: de
mancha (f)	အစွန်းအထင်း	aswan: ahtin:
arrugarse (vr)	တွန့်ကြေစေသည်	tun. gjei zei de
rasgar (vt)	ပေါက်ပြဲသွားသည်	pau' pje: dhwa: de
polilla (f)	အဝတ်ပိုးဖလံ	awu' pou: hpa. lan

33. Productos personales. Cosméticos

pasta (f) de dientes	သွားတိုက်ဆေး	thwa: tai' hsei:
cepillo (m) de dientes	သွားတိုက်တံ	thwa: tai' tan
limpiarse los dientes	သွားတိုက်သည်	thwa: tai' te

maquinilla (f) de afeitar	သင်တုန်းဓား	thin toun: da:
crema (f) de afeitar	မုတ်ဆိတ်ရိတ် ဆပ်ပြာ	mou' zei' jei' hsa' pja
afeitarse (vr)	ရိတ်သည်	jei' te

jabón (m)	ဆပ်ပြာ	hsa' pja
champú (m)	ခေါင်းလျှော်ရည်	gaun: sho je

tijeras (f pl)	ကတ်ကြေး	ka' kjei:
lima (f) de uñas	လက်သည်းတိုက်တံစဉ်း	le' the:
cortaúñas (m pl)	လက်သည်းညှပ်	le' the: hnja'
pinzas (f pl)	ဇာဂနာ	za ga. na

cosméticos (m pl)	အလှကုန်ပစ္စည်း	ahla. koun pji' si:
mascarilla (f)	မျက်နှာပေါင်းတင်ခြင်း	mje' hna baun: din gjin:
manicura (f)	လက်သည်းအလှပြင်ခြင်း	le' the: ahla bjin gjin
hacer la manicura	လက်သည်းအလှပြင်သည်	le' the: ahla bjin de
pedicura (f)	ခြေသည်းအလှပြင်သည်	chei dhi: ahla. pjin de

bolsa (f) de maquillaje	မိတ်ကပ်အိတ်	mi' ka' ei'
polvos (m pl)	ပေါင်ဒါ	paun da
polvera (f)	ပေါင်ဒါ�’ဘူး	paun da bu:
colorete (m), rubor (m)	ပါးနီ	pa: ni

perfume (m)	ရေမွှေး	jei mwei:
agua (f) de tocador	ရေမွှေး	jei mwei:
loción (f)	လိုရှင်း	lou shin:
agua (f) de Colonia	အော်ဒီကာလုန်းရေမွှေး	o di ka lun: jei mwei:

sombra (f) de ojos	မျက်ခွံဆိုးဆေး	mje' khwan zou: zei:
lápiz (m) de ojos	အိုင်းလိုင်နာတောင့်	ain: lain: na daun.
rímel (m)	မျက်တောင်ခြယ်ဆေး	mje' taun gje zei:

pintalabios (m)	နှုတ်ခမ်းနီ	hna' khan: ni
esmalte (m) de uñas	လက်သည်းဆိုးဆေး	le' the: azou: zei:
fijador (m) para el pelo	ဆံပင်သုံး ပဝေး	zabin dhoun za. ba. jei:
desodorante (m)	ချွေးနံ့ပျောက်ဆေး	chwei: nan. bjau' hsei:
crema (f)	ခရင်မ်	khajin m
crema (f) de belleza	မျက်နှာခရင်မ်	mje' hna ga. jin m
crema (f) de manos	ဟန်ခရင်မ်	han kha. rin m
crema (f) antiarrugas	အသားခြောက်ကာကွယ်ဆေး	atha: gjau' ka gwe zei:
crema (f) de día	နေ့လိမ်းခရင်မ်	nei. lein: ga jin'm
crema (f) de noche	ညလိမ်းခရင်မ်	nja lein: khajinm
de día (adj)	နေ့လယ်ဘက်သုံးသော	nei. le be' thoun: de.
de noche (adj)	ညဘက်သုံးသော	nja. be' thoun: de.
tampón (m)	အတောင့်	ataun.
papel (m) higiénico	အိမ်သာသုံးစက္ကူ	ein dha dhoun: se' ku
secador (m) de pelo	ဆံပင်အခြောက်ခံစက်	zabin achou' hsan za'

34. Los relojes

reloj (m)	နာရီ	na ji
esfera (f)	နာရီဒိုင်ခွက်	na ji dai' hpwe'
aguja (f)	နာရီလက်တံ	na ji le' tan
pulsera (f)	နာရီကြိုး	na ji gjou:
correa (f) (del reloj)	နာရီကြိုး	na ji gjou:
pila (f)	ဓာတ်ခဲ	da' khe:
descargarse (vr)	အားကုန်သည်	a: kun de
cambiar la pila	ဘတ်ထရီလဲသည်	ba' hta ji le: de
adelantarse (vr)	မြန်သည်	mjan de
retrasarse (vr)	နောက်ကျသည်	nau' kja. de
reloj (m) de pared	တိုင်ကပ်နာရီ	tain ka' na ji
reloj (m) de arena	သဲနာရီ	the: naji
reloj (m) de sol	နေနာရီ	nei na ji
despertador (m)	နှိုးစက်	hnou: ze'
relojero (m)	နာရီပြင်ဆရာ	ma ji bjin zaja
reparar (vt)	ပြင်သည်	pjin de

La comida y la nutrición

35. La comida

Spanish	Burmese	Pronunciation
carne (f)	အသား	atha:
gallina (f)	ကြက်သား	kje' tha:
pollo (m)	ကြက်ကလေး	kje' ka. lei:
pato (m)	ဘဲသား	be: dha:
ganso (m)	ဘဲငန်းသား	be: ngan: dha:
caza (f) menor	တောကောင်သား	to: gaun dha:
pava (f)	ကြက်ဆင်သား	kje' hsin dha:
carne (f) de cerdo	ဝက်သား	we' tha:
carne (f) de ternera	နွားကလေးသား	nwa: ga. lei: dha:
carne (f) de carnero	သိုးသား	thou: tha:
carne (f) de vaca	အမဲသား	ame: dha:
conejo (m)	ယုန်သား	joun dha:
salchichón (m)	ဝက်အူချောင်း	we' u gjaun:
salchicha (f)	အသားချောင်း	atha: gjaun:
beicon (m)	ဝက်သားနယ်ခြောက်	we' has: ne gjau'
jamón (m)	ဝက်ပေါင်ခြောက်	we' paun gjau'
jamón (m) fresco	ဝက်ပေါင်ကြက်တိုက်	we' paun gje' tai'
paté (m)	အနှစ်အခဲပျော	ahni' akhe pjo.
hígado (m)	အသည်း	athe:
carne (f) picada	ကြိတ်သား	kjei' tha:
lengua (f)	လျာ	sha
huevo (m)	ဥ	u.
huevos (m pl)	ဥများ	u. mja:
clara (f)	အကာ	aka
yema (f)	အနှစ်	ahni'
pescado (m)	ငါး	nga:
mariscos (m pl)	ပင်လယ်အစားအစာ	pin le asa: asa
crustáceos (m pl)	အခွံမာရေနေသတ္တဝါ	akhun ma jei nei dha' ta. wa
caviar (m)	ငါးဥ	nga: u.
cangrejo (m) de mar	ကကန်း	kanan:
camarón (m)	ပုစွန်	bazun
ostra (f)	ကမာကောင်	kama kaun
langosta (f)	ကျောက်ပုစွန်	kjau' pu. zun
pulpo (m)	ရေဘဝဲသား	jei ba. we: dha:
calamar (m)	ပြည်ကြီးငါး	pjei gji: nga:
esturión (m)	စတာဂျင်ငါး	sata gjin nga:
salmón (m)	ဆော်လမွန်ငါး	hso: la. mun nga:
fletán (m)	ပင်လယ်ငါးကြီးသား	pin le nga: gji: dha:
bacalao (m)	ငါးကြီးဆီထုတ်သောငါး	nga: gji: zi dou' de. nga:

caballa (f)	မက်ကရယ်ငါး	me' ka. je nga:
atún (m)	တူနာငါး	tu na nga:
anguila (f)	ငါးရှဉ့်	nga: shin.

trucha (f)	ထရောက်ငါး	hta. jau' nga:
sardina (f)	ငါးသေတ္တာငါး	nga: dhei ta' nga:
lucio (m)	ပိုက်ငါး	pai' nga
arenque (m)	ငါးသလောက်	nga: dha. lau'

pan (m)	ပေါင်မုန့်	paun moun.
queso (m)	ဒိန်ခဲ	dain ge:
azúcar (m)	သကြား	dhagja:
sal (f)	ဆား	hsa:

arroz (m)	ဆန်စပါး	hsan zaba
macarrones (m pl)	အီတလီခေါက်ဆွဲ	ita. li khau' hswe:
tallarines (m pl)	ခေါက်ဆွဲ	gau' hswe:

mantequilla (f)	ထောပတ်	hto: ba'
aceite (m) vegetal	ဆီ	hsi
aceite (m) de girasol	နေကြာပန်းဆီ	nei gja ban: zi
margarina (f)	ဟင်းရွက်အဆီခဲ	hin: jwe' ahsi khe:

| olivas, aceitunas (f pl) | သံလွင်သီး | than lun dhi: |
| aceite (m) de oliva | သံလွင်ဆီ | than lun zi |

leche (f)	နွားနို့	nwa: nou.
leche (f) condensada	နို့ဆီ	ni. zi
yogur (m)	ဒိန်ချဉ်	dain gjin
nata (f) agria	နို့ချဉ်	nou. gjin
nata (f) líquida	မလိုင်	ma. lain

| mayonesa (f) | ခပ်ပျစ်ပျစ်စားမြိန်ရည် | kha' pji' pji' sa: mjein jei |
| crema (f) de mantequilla | ထောပတ်မလိုင် | hto: ba' ma. lein |

cereales (m pl) integrales	နှံစားဈေး	nhnan za: zei.
harina (f)	ဂျုံမှုန့်	gjoun hmoun.
conservas (f pl)	စည်သွပ်ဘူးများ	si dhwa' bu: mja:

copos (m pl) de maíz	ပြောင်းဖူးမုန့်ဆန်း	pjaun: bu: moun. zan:
miel (f)	ပျားရည်	pja: je
confitura (f)	ယို	jou
chicle (m)	ပိကေ	pi gei

36. Las bebidas

agua (f)	ရေ	jei
agua (f) potable	သောက်ရေ	thau' jei
agua (f) mineral	ဓာတ်ဆားရည်	da' hsa: ji

sin gas	ဂက်စ်မပါသော	ga' s ma. ba de.
gaseoso (adj)	ဂက်စ်ပါသော	ga' s ba de.
con gas	စပါကလင်	saba ga. lin
hielo (m)	ရေခဲ	jei ge:

con hielo	ရေခဲနှင့်	jei ge: hnin.
sin alcohol	အယ်ကိုဟောမပါသော	e kou ho: ma. ba de.
bebida (f) sin alcohol	အယ်ကိုဟောမဟုတ်သော သောက်စရာ	e kou ho: ma. hou' te. dhau' sa. ja
refresco (m)	အအေး	aei:
limonada (f)	လီမွန်ဖျော်ရည်	li mun hpjo ji
bebidas (f pl) alcohólicas	အယ်ကိုဟောပါဝင်သော သောက်စရာ	e kou ho: ba win de. dhau' sa. ja
vino (m)	ဝိုင်	wain
vino (m) blanco	ဝိုင်ဖြူ	wain gju
vino (m) tinto	ဝိုင်နီ	wain ni
licor (m)	အရက်ချိုပြင်း	aje' gjou pjin
champaña (f)	ရှံပိန်	shan pein
vermú (m)	ရန့်သင်းသောဆေးစိမ်ဝိုင်	jan dhin: dho: zei: zein wain
whisky (m)	ဝီစကီ	wi sa. gi
vodka (m)	ဗော့ကာ	bo ga
ginebra (f)	ဂျင်	gjin
coñac (m)	ကော့ညက်	ko. nja'
ron (m)	ရမ်	ran
café (m)	ကော်ဖီ	ko hpi
café (m) solo	ဘလက်ကော်ဖီ	ba. le' ko: phi
café (m) con leche	ကော်ဖီနို့ရော	ko hpi ni. jo:
capuchino (m)	ကပူရှီနို	ka. pu chi ni.
café (m) soluble	ကော်ဖီမစ်	ko hpi mi'
leche (f)	နွားနို့	nwa: nou.
cóctel (m)	ကော့တေး	ko. dei:
batido (m)	မစ်ရှိတ်	mi' shei'
zumo (m), jugo (m)	အချိုရည်	achou ji
jugo (m) de tomate	ခရမ်းချဉ်သီးအချိုရည်	khajan: chan dhi: achou jei
zumo (m) de naranja	လိမ္မော်ရည်	limmo ji
zumo (m) fresco	အသီးဖျော်ရည်	athi: hpjo je
cerveza (f)	ဘီယာ	bi ja
cerveza (f) rubia	အရောင်ဖျော့သောဘီယာ	ajaun bjau. de. bi ja
cerveza (f) negra	အရောင်ရင့်သောဘီယာ	ajaun jin. de. bi ja
té (m)	လက်ဖက်ရည်	le' hpe' ji
té (m) negro	လက်ဖက်နက်	le' hpe' ne'
té (m) verde	လက်ဖက်စိမ်း	le' hpe' sein:

37. Las verduras

legumbres (f pl)	ဟင်းသီးဟင်းရွက်	hin: dhi: hin: jwe'
verduras (f pl)	ဟင်းခတ်အမွေးရွက်	hin: ga' ahmwei: jwe'
tomate (m)	ခရမ်းချဉ်သီး	khajan: chan dhi:
pepino (m)	သခွါးသီး	thakhwa: dhi:
zanahoria (f)	မုန်လာဥနီ	moun la u. ni

patata (f)	အာလူး	a lu:
cebolla (f)	ကြက်သွန်နီ	kje' thwan ni
ajo (m)	ကြက်သွန်ဖြူ	kje' thwan bju

col (f)	ဂေါ်ဖီ	go bi
coliflor (f)	ပန်းဂေါ်ဖီ	pan: gozi
col (f) de Bruselas	ဂေါ်ဖီထုပ်အသေးစား	go bi dou' athei: za:
brócoli (m)	ပန်းဂေါ်ဖီအစိမ်း	pan: gozi asein:

remolacha (f)	မုန်လာဥနီလုံး	moun la u. ni loun:
berenjena (f)	ခရမ်းသီး	khajan: dhi:
calabacín (m)	ဘူးသီး	bu: dhi:
calabaza (f)	ဖရုံသီး	hpa joun dhi:
nabo (m)	တရုတ်မုန်လာဥ	tajou' moun la u.

perejil (m)	တရုတ်နံနံပင်	tajou' nan nan bin
eneldo (m)	စမွတ်ပင်	samjei' pin
lechuga (f)	ဆလပ်ရွက်	hsa. la' jwe'
apio (m)	တရုတ်နံနံကြီး	tajou' nan nan gji:
espárrago (m)	ကညွတ်မာပင်	ka. nju' ma bin
espinaca (f)	ဒေါက်ခွ	dau' khwa.

guisante (m)	ပဲစေ့	pe: zei.
habas (f pl)	ပဲအမျိုးမျိုး	pe: amjou: mjou:
maíz (m)	ပြောင်းဖူး	pjaun: bu:
fréjol (m)	ပိုလဲစားပဲ	bou za: be:

pimiento (m) dulce	ငရုတ်သီး	nga jou' thi:
rábano (m)	မုန်လာဥသေး	moun la u. dhei:
alcachofa (f)	အာတိရှော	a ti cho.

38. Las frutas. Las nueces

fruto (m)	အသီး	athi:
manzana (f)	ပန်းသီး	pan: dhi:
pera (f)	သစ်တော်သီး	thi' to dhi:
limón (m)	သံပုရိုသီး	than bu. jou dhi:
naranja (f)	လိမ္မော်သီး	limmo dhi:
fresa (f)	စတော်ဘယ်ရီသီး	sato be ri dhi:

mandarina (f)	ပျားလိမ္မော်သီး	pja: lein mo dhi:
ciruela (f)	ဆီးသီး	hsi: dhi:
melocotón (m)	မက်မွန်သီး	me' mwan dhi:
albaricoque (m)	တရုတ်ဆီးသီး	jau' hsi: dhi:
frambuesa (f)	ရတ်စ�‌ဘာယ်ရီ	re' sa be ji
piña (f)	နာနတ်သီး	na na' dhi:

banana (f)	ငှက်ပျောသီး	hnge' pjo: dhi:
sandía (f)	ဖရဲသီး	hpa. je: dhi:
uva (f)	စပျစ်သီး	zabji' thi:
guinda (f)	ချယ်ရီရင့်သီး	che ji gjin dhi:
cereza (f)	ချယ်ရီချိုသီး	che ji gjou dhi:
melón (m)	သခွားမွှေးသီး	thakhwa: hmwei: dhi:
pomelo (m)	ကရိုတ်ဖရုသီး	ga. ri' hpa. ju dhi:

aguacate (m)	ထောပတ်သီး	hto: ba' thi:
papaya (f)	သ�‌�‌ဘော်သီး	thin: bo: dhi:
mango (m)	သရက်သီး	thaje' thi:
granada (f)	တလည်းသီး	tale: dhi:

grosella (f) roja	အနီရောင်�‌ဘယ်ရဲသီး	ani jaun be ji dhi:
grosella (f) negra	ဘလက်ကားရန့်	ba. le' ka: jan.
grosella (f) espinosa	ကလားဆီးမြွ	ka. la: his: hpju
arándano (m)	ဘီဘယ်ရဲအသီး	bi: be ji athi:
zarzamoras (f pl)	ရှမ်းဆီးသီး	shan: zi: di:

pasas (f pl)	စပျစ်သီးခြောက်	zabji' thi: gjau'
higo (m)	သဖန်းသီး	thahpjan: dhi:
dátil (m)	စွန်ပလွံသီး	sun palun dhi:

cacahuete (m)	‌မြေပဲ	mjei be:
almendra (f)	ဗာဒံသီး	ba dan di:
nuez (f)	သစ်ကြားသီး	thi' kja: dhi:
avellana (f)	ဟောဇယ်သီး	ho: ze dhi:
nuez (f) de coco	အုန်းသီး	aun: dhi:
pistachos (m pl)	ခွမာသီး	khwan ma dhi:

39. El pan. Los dulces

pasteles (m pl)	မုန့်ရှို	moun. gjou
pan (m)	‌ပေါင်မုန့်	paun moun.
galletas (f pl)	ဘီစကစ်	bi za, ki'

chocolate (m)	‌ချောကလက်	cho: ka. le'
de chocolate (adj)	‌ချောကလက်အရသာရှိ‌သော	cho: ka. le' aja. dha shi. de.
caramelo (m)	သကြားလုံး	dhagja: loun:
tarta (f) (pequeña)	ကိတ်	kei'
tarta (f) (~ de cumpleaños)	ကိတ်မုန့်	kei' moun.

tarta (f) (~ de manzana)	ပိုင်မုန့်	pain hmoun.
relleno (m)	သွပ်ထားသော အစာ	thu' hta: dho: asa

confitura (f)	ယို	jou
mermelada (f)	အထူးပြုလုပ်ထားသော ယို	a htu: bju. lou' hta: de. jou
gofre (m)	ဝေဖာ	wei hpa
helado (m)	‌ရေခဲမုန့်	jei ge: moun.
pudin (m)	ပူတင်း	pu tin:

40. Los platos

plato (m)	ဟင်းပွဲ	hin: bwe:
cocina (f)	အစားအသောက်	asa: athau'
receta (f)	ဟင်းချက်နည်း	hin: gji' ne:
porción (f)	တစ်�‌ယောက်စာဟင်းပွဲ	ti' jau' sa hin: bwe:

ensalada (f)	အသုပ်	athou'
sopa (f)	စွပ်ပြုတ်	su' pjou'

caldo (m)	ဟင်းရည်	hin: ji
bocadillo (m)	အသားညှပ်ပေါင်မုန့်	atha: hnja' paun moun.
huevos (m pl) fritos	ကြက်ဥကြော်	kje' u. kjo

| hamburguesa (f) | ဟန်ဘာဂါ | han ba ga |
| bistec (m) | အမဲသားတုံး | ame: dha: doun: |

guarnición (f)	အရံဟင်း	ajan hin:
espagueti (m)	အီတလီခေါက်ဆွဲ	ita. li khau' hswe:
puré (m) de patatas	အာလူးနွားနို့ဖျော်	a luu: nwa: nou. bjo
pizza (f)	ပီဇာ	pi za
gachas (f pl)	အုတ်ကျိုယာဂု	ou' gjoun ja gu.
tortilla (f) francesa	ကြက်ဥခေါက်ကြော်	kje' u. khau' kjo

cocido en agua (adj)	ပြုတ်ထားသော	pjou' hta: de.
ahumado (adj)	ကျိုတင်ထားသော	kja' tin da: de.
frito (adj)	ကြော်ထားသော	kjo da de.
seco (adj)	ခြောက်နေသော	chau' nei de.
congelado (adj)	အေးခဲနေသော	ei: khe: nei de.
marinado (adj)	ဆားရည်စိမ်ထားသော	hsa:

azucarado, dulce (adj)	ချိုသော	chou de.
salado (adj)	ငန်သော	ngan de.
frío (adj)	အေးသော	ei: de.
caliente (adj)	ပူသော	pu dho:
amargo (adj)	ခါးသော	kha: de.
sabroso (adj)	အရသာရှိသော	aja. dha shi. de.

cocer en agua	ပြုတ်သည်	pjou' te
preparar (la cena)	ချက်သည်	che' de
freír (vt)	ကြော်သည်	kjo de
calentar (vt)	အပူပေးသည်	apu bei: de

salar (vt)	ဆားထည့်သည်	hsa: hte. de
poner pimienta	အစပ်ထည့်သည်	asin hte. dhe
rallar (vt)	ခြစ်သည်	chi' te
piel (f)	အခွံ	akhun
pelar (vt)	အခွံနွာသည်	akhun hnwa de

41. Las especias

sal (f)	ဆား	hsa:
salado (adj)	ငန်သော	ngan de.
salar (vt)	ဆားထည့်သည်	hsa: hte. de

pimienta (f) negra	ငရုတ်ကောင်း	nga jou' kaun:
pimienta (f) roja	ငရုတ်သီး	nga jou' thi:
mostaza (f)	မုန်ညင်း	moun njin:
rábano (m) picante	သင်္ဘောဒန့်သလွန်	thin: bo: dan. dha lun

condimento (m)	ဟင်းခတ်အမွှန့်အမျိုးမျိုး	hin: ga' ahnun. amjou: mjou:
especia (f)	ဟင်းခတ်အမွှေးအကြိုင်	hin: ga' ahmwei: akjain
salsa (f)	ဆော့	hso.
vinagre (m)	ရှာလကာရည်	sha la. ga je

anís (m)	စမုန်စပါးပင်	samoun zaba: bin
albahaca (f)	ပင်စိမ်း	pin zein:
clavo (m)	လေးညှင်း	lei: hnjin:
jengibre (m)	ဂျင်း	gjin:
cilantro (m)	နံနံပင်	nan nan bin
canela (f)	သစ်ကြံပိုးခေါက်	thi' kjan bou: gau'

sésamo (m)	နှမ်း	hnan:
hoja (f) de laurel	ကရဝေးရွက်	ka ja wei: jwe'
paprika (f)	ပန်းငရုတ်မှုန့်	pan: nga. jou' hnoun.
comino (m)	ကရဝေး	ka. ja. wei:
azafrán (m)	ကုံကုမံ	koun kou man

42. Las comidas

comida (f)	အစားအစာ	asa: asa
comer (vi, vt)	စားသည်	sa: de

desayuno (m)	နံနက်စာ	nan ne' za
desayunar (vi)	နံနက်စာစားသည်	nan ne' za za: de
almuerzo (m)	နေ့လယ်စာ	nei. le za
almorzar (vi)	နေ့လယ်စာစားသည်	nei. le za za de
cena (f)	ညစာ	nja. za
cenar (vi)	ညစာစားသည်	nja. za za: de

| apetito (m) | စားချင်စိတ် | sa: gjin zei' |
| ¡Que aproveche! | စားကောင်းပါစေ | sa: gaun: ba zei |

abrir (vt)	ဖွင့်သည်	hpwin. de
derramar (líquido)	ဖိတ်ကျသည်	hpi' kja de
derramarse (líquido)	မှောက်သည်	hmau' de
hervir (vi)	ဆူပွက်သည်	hsu. bwe' te
hervir (vt)	ဆူပွက်သည်	hsu. bwe' te
hervido (agua ~a)	ဆူပွက်ထားသော	hsu. bwe' hta: de.
enfriar (vt)	အအေးခံသည်	aei: gan de
enfriarse (vr)	အေးသွားသည်	ei: dhwa: de

| sabor (m) | အရသာ | aja. dha |
| regusto (m) | ပအာခြင်း | pa. achin: |

adelgazar (vi)	ဝိတ်ချသည်	wei' cha. de
dieta (f)	ဓာတ်စာ	da' sa
vitamina (f)	ဗီတာမင်	bi ta min
caloría (f)	ကယ်လိုရီ	ke lou ji
vegetariano (m)	သက်သတ်လွတ်စားသူ	the' the' lu' za: dhu
vegetariano (adj)	သက်သတ်လွတ်စားသော	the' the' lu' za: de.

grasas (f pl)	အဆီ	ahsi
proteínas (f pl)	အသားဓာတ်	atha: da'
carbohidratos (m pl)	ကစီဓာတ်	ka. zi da'

loncha (f)	အချပ်	acha'
pedazo (m)	အတုံး	atoun:
miga (f)	အစအန	asa an

43. Los cubiertos

cuchara (f)	ဇွန်း	zun:
cuchillo (m)	ဓား	da:
tenedor (m)	ခက်ရင်း	khajin:
taza (f)	ခွက်	khwe'
plato (m)	ပန်းကန်ပြား	bagan: bja:
platillo (m)	အောက်ခံပန်းကန်ပြား	au' khan ban: kan pja:
servilleta (f)	လက်သုတ်ပုဝါ	le' thou' pu. wa
mondadientes (m)	သွားကြားထိုးတံ	thwa: kja: dou: dan

44. El restaurante

restaurante (m)	စားသောက်ဆိုင်	sa: thau' hsain
cafetería (f)	ကော်ဖီဆိုင်	ko hpi zain
bar (m)	ဘား	ba:
salón (m) de té	လက်ဖက်ရည်ဆိုင်	le' hpe' ji zain
camarero (m)	စားပွဲထိုး	sa: bwe: dou:
camarera (f)	စားပွဲထိုးမိန်းကလေး	sa: bwe: dou: mein: ga. lei:
barman (m)	အရက်ဘားဝန်ထမ်း	aje' ba: wun dan:
carta (f), menú (m)	စားသောက်ဖွယ်စာရင်း	sa: thau' hpwe za jin:
carta (f) de vinos	ဝိုင်စာရင်း	wain za jin:
reservar una mesa	စားပွဲကြိုတင်မှာယူသည်	sa: bwe: gjou din hma ju de
plato (m)	ဟင်းပွဲ	hin: bwe:
pedir (vt)	မှာသည်	hma de
hacer un pedido	မှာသည်	hma de
aperitivo (m)	နှတ်မြိန်လေး	hna' mjein zei:
entremés (m)	နှတ်မြိန်စာ	hna' mjein za
postre (m)	အချိုပွဲ	achou bwe:
cuenta (f)	ကျသင့်ငွေ	kja. thin. ngwei
pagar la cuenta	ကုန်ကျငွေရှင်းသည်	koun gja ngwei shin: de
dar la vuelta	ပြန်အမ်းသည်	pjan an: de
propina (f)	မုန့်ဖိုး	moun. bou:

La familia nuclear, los parientes y los amigos

nombre (m)	အမည်	amji
apellido (m)	မိသားစုအမည်	mi. dha: zu. amji
fecha (f) de nacimiento	မွေးနေ့	mwei: nei.
lugar (m) de nacimiento	မွေးရပ်	mwer: ja'
nacionalidad (f)	လူမျိုး	lu mjou:
domicilio (m)	နေရပ်ဒေသ	nei ja' da. dha.
país (m)	နိုင်ငံ	nain ngan
profesión (f)	အလုပ်အကိုင်	alou' akain
sexo (m)	လိင်	lin
estatura (f)	အရပ်	aja'
peso (m)	ကိုယ်အလေးချိန်	kou alei: chain

madre (f)	အမေ	amei
padre (m)	အဖေ	ahpei
hijo (m)	သား	tha:
hija (f)	သမီး	thami:
hija (f) menor	သမီးအငယ်	thami: ange
hijo (m) menor	သားအငယ်	tha: ange
hija (f) mayor	သမီးအကြီး	thami: akji:
hijo (m) mayor	သားအကြီး	tha: akji:
hermano (m)	ညီအစ်ကို	nji a' kou
hermano (m) mayor	အစ်ကို	akou
hermano (m) menor	ညီ	nji
hermana (f)	ညီအစ်မ	nji a' ma
hermana (f) mayor	အစ်မ	ama.
hermana (f) menor	ညီမ	nji ma.
primo (m)	ဝမ်းကွဲအစ်ကို	wan: kwe: i' kou
prima (f)	ဝမ်းကွဲညီမ	wan: kwe: nji ma.
mamá (f)	မေမေ	mei mei
papá (m)	ဖေဖေ	hpei hpei
padres (pl)	မိဘတွေ	mi. ba. dwei
niño -a (m, f)	ကလေး	kalei:
niños (pl)	ကလေးများ	kalei: mja:
abuela (f)	အဘွား	ahpwa
abuelo (m)	အဘိုး	ahpou:

nieto (m)   မြေး   mjei:
nieta (f)   မြေးမ   mjei: ma.
nietos (pl)   မြေးများ   mjei: mja:

tío (m)   ဦးလေး   u: lei:
tía (f)   အဒေါ်   ado
sobrino (m)   တူ   tu
sobrina (f)   တူမ   tu ma.

suegra (f)   ယောက္ခမ   jau' khama.
suegro (m)   ယောက္ခထီး   jau' khadi:
yerno (m)   သားမက်   tha: me'
madrastra (f)   မိထွေး   mi. dwei:
padrastro (m)   ပထွေး   pahtwei:

niño (m) de pecho   နို့စို့ကလေး   nou. zou. galei:
bebé (m)   ကလေးငယ်   kalei: nge
chico (m)   ကလေး   kalei:

mujer (f)   မိန်းမ   mein: ma.
marido (m)   ယောက်ျား   jau' kja:
esposo (m)   ခင်ပွန်း   khin bun:
esposa (f)   ဇနီး   zani:

casado (adj)   မိန်းမရှိသော   mein: ma. shi. de.
casada (adj)   ယောက်ျားရှိသော   jau' kja: shi de
soltero (adj)   လူလွတ်ဖြစ်သော   lu lu' hpji te.
soltero (m)   လူပျို   lu bjou
divorciado (adj)   တစ်ခုလပ်ဖြစ်သော   ti' khu. la' hpji' te.
viuda (f)   မုဆိုးမ   mu. zou: ma.
viudo (m)   မုဆိုးဖို   mu. zou: bou

pariente (m)   ဆွေမျိုး   hswe mjou:
pariente (m) cercano   ဆွေမျိုးရင်းရှာ   hswe mjou: jin: gja
pariente (m) lejano   ဆွေမျိုးနီးစပ်   hswe mjou: ni: za'
parientes (pl)   မွေးချင်းများ   mwei: chin: mja:

huérfano (m), huérfana (f)   မိဘမဲ့   mi. ba me.
huérfano (m)   မိဘမဲ့ကလေး   mi. ba me. ga lei:
huérfana (f)   မိဘမဲ့ကလေးမ   mi. ba me. ga lei: ma
tutor (m)   အုပ်ထိန်းသူ   ou' htin: dhu
adoptar (un niño)   သားအဖြစ်မွေးစားသည်   tha: ahpji' mwei: za: de
adoptar (una niña)   သမီးအဖြစ်မွေးစားသည်   thami: ahpji' mwei: za: de

La medicina

47. Las enfermedades

enfermedad (f)	ရောဂါ	jo: ga
estar enfermo	ဖျားနာသည်	hpa: na de
salud (f)	ကျန်းမာရေး	kjan: ma jei:
resfriado (m) (coriza)	နာဝေးခြင်း	hna zei: gjin:
angina (f)	အာသီးရောင်ခြင်း	a sha. jaun gjin:
resfriado (m)	အအေးမိခြင်း	aei: mi. gjin:
resfriarse (vr)	အအေးမိသည်	aei: mi. de
bronquitis (f)	ချောင်းဆိုးရင်ကျပ်နာ	gaun: ou: jin gja' na
pulmonía (f)	အဆုတ်ရောင်ရောဂါ	ahsou' jaun jo: ga
gripe (f)	တုပ်ကွေး	tou' kwei:
miope (adj)	အဝေးမှုန်သော	awei: hmun de.
présbita (adj)	အနီးမှုန်	ani: hmoun
estrabismo (m)	မျက်စိစွေခြင်း	mje' zi. zwei gjin:
estrábico (m) (adj)	မျက်စိစွေသော	mje' zi. zwei de.
catarata (f)	နာမကျန်းဖြစ်ခြင်း	na. ma. gjan: bji' chin:
glaucoma (m)	ရေတိမ်	jei dein
insulto (m)	လေသင်တုန်းဖြတ်ခြင်း	lei dhin doun: bja' chin:
ataque (m) cardiaco	နှလုံးဖောက်ပြန်မှု	hnaloun: bau' bjan hmu.
infarto (m) de miocardio	နှလုံးကြွက်သားပုပ်ခြင်း	hnaloun: gjwe' tha: bou' chin:
parálisis (f)	သွက်ချာပါဒ	thwe' cha ba da.
paralizar (vt)	ဆိုင်းတွသွားသည်	hsain: dwa dhwa: de
alergia (f)	မတည့်ခြင်း	ma. de. gjin:
asma (f)	ပန်းနာ	pan: na
diabetes (f)	ဆီးချိုရောဂါ	hsi: gjou jau ba
dolor (m) de muelas	သွားကိုက်ခြင်း	thwa: kai' chin:
caries (f)	သွားပိုးစားခြင်း	thwa: pou: za: gjin:
diarrea (f)	ဝမ်းလျှောခြင်း	wan: sho gjin:
estreñimiento (m)	ဝမ်းချုပ်ခြင်း	wan: gjou' chin:
molestia (f) estomacal	ဗိုက်နာခြင်း	bai' na gjin:
envenenamiento (m)	အဆာအဆိပ်သင့်ခြင်း	asa: ahsei' thin. gjin:
envenenarse (vr)	အစားမှားခြင်း	asa: hma: gjin:
artritis (f)	အဆစ်ရောင်နာ	ahsi' jaun na
raquitismo (m)	အရိုးပျော့နာ	ajou: bjau. na
reumatismo (m)	ဒူလာ	du la
ateroesclerosis (f)	နှလုံးသွေးကြောအဆိပ်တိခြင်း	hna. loun: twei: kjau ahsi pei' khin:
gastritis (f)	အစာအိမ်ရောင်ရမ်းနာ	asa: ein jaun jan: na
apendicitis (f)	အူအတက်ရောင်ခြင်း	au hte' jaun gjin:

| colecistitis (f) | သည်းခြေပြန်ရောင်ခြင်း | thi: gjei bjun jaun gjin: |
| úlcera (f) | ဖက်ခွက်နာ | hpe' khwe' na |

sarampión (m)	ဝက်သက်	we' the'
rubeola (f)	ရှုက်သို့း	gjou' thou:
ictericia (f)	အသားဝါရောဂါ	atha: wa jo: ga
hepatitis (f)	အသည်းရောင်ရောဂါ	athe: jaun jau ba

esquizofrenia (f)	စိတ်ကစဉ့်ကလျားရောဂါ	sei' ga. zin. ga. lja: jo: ga
rabia (f) (hidrofobia)	ခွေးရူးပြန်ရောဂါ	khwei: ju: bjan jo: ba
neurosis (f)	စိတ်မှုမမှန်ခြင်း	sei' mu ma. hman gjin:
conmoción (f) cerebral	ဦးနှောက်ထိခိုက်ခြင်း	oun: hnau' hti. gai' chin:

cáncer (m)	ကင်ဆာ	kin hsa
esclerosis (f)	အသားမျှင်ခက် မာသွားခြင်း	atha: hmjin kha' ma dwa: gjin:
esclerosis (m) múltiple	အာရုံကြောပျက်စီး ရောင်ရမ်းသည့်ရောဂါ	a joun gjo: bje' si: jaun jan: dhi. jo: ga

alcoholismo (m)	အရက်နာစွဲခြင်း	aje' na zwe: gjin:
alcohólico (m)	အရက်သမား	aje' dha. ma:
sífilis (f)	သစ်ဖလပ်ကာလသားရောဂါ	his' hpa. li' ka la. dha: jo: ba
SIDA (m)	ကိုယ်ခံအားကျကူးစက်ရောဂါ	kou khan a: kja ku: za' jau ba

tumor (m)	အသားပို	atha: pou
maligno (adj)	ကင်ဆာဖြစ်နေသော	kin hsa bji' nei de.
benigno (adj)	ပြန့်ပွါးခြင်းမရှိသော	pjan. bwa: gjin: ma. shi. de.

fiebre (f)	အဖျားတက်ရောဂါ	ahpja: de' jo: ga
malaria (f)	ငှက်ဖျားရောဂါ	hnge' hpja: jo: ba
gangrena (f)	ဂန်ဂရိန်းနာရောဂါ	gan ga. ji na jo: ba
mareo (m)	လှိုင်းမူးခြင်း	hlain: mu: gjin:
epilepsia (f)	ဝက်ရူးပြန်ရောဂါ	we' ju: bjan jo: ga

epidemia (f)	ကပ်ရောဂါ	ka' jo ba
tifus (m)	တိုက်ဖိုက်ရောဂါ	tai' hpai' jo: ba
tuberculosis (f)	တီဘီရောဂါ	ti bi jo: ba
cólera (f)	ကာလဝမ်းရောဂါ	ka la. wan: jau ga
peste (f)	ကပ်ဆိုး	ka' hsou:

48. Los síntomas. Los tratamientos. Unidad 1

síntoma (m)	လက္ခဏာ	le' khana
temperatura (f)	အပူချိန်	apu gjein
fiebre (f)	ကိုယ်အပူချိန်တက်	kou apu chain de'
pulso (m)	သွေးခုန်နှုန်း	thwei: khoun hnan:

mareo (m) (vértigo)	မူးနောက်ခြင်း	mu: nau' chin:
caliente (adj)	ပူသော	pu dho:
escalofrío (m)	တုန်ခြင်း	toun gjin:
pálido (adj)	ဖြူရော်သော	hpju jo de.

tos (f)	ချောင်းဆိုးခြင်း	gaun: zou: gjin:
toser (vi)	ချောင်းဆိုးသည်	gaun: zou: de
estornudar (vi)	နှာချေသည်	hna gjei de

| desmayo (m) | အားနည်းခြင်း | a: ne: gjin: |
| desmayarse (vr) | သတိလစ်သည် | dhadi. li' te |

moradura (f)	ပွန်းပဲ့ဒဏ်ရာ	pun: be. dan ja
chichón (m)	ေဆာင့်မိခြင်း	hsaun. mi. gjin:
golpearse (vr)	ေဆာင့်မိသည်	hsaun. mi. de.
magulladura (f)	ပွန်းပဲ့ဒဏ်ရာ	pun: be. dan ja
magullarse (vr)	ပွန်းပဲ့ဒဏ်ရာရသည်	pun: be. dan ja ja. de

cojear (vi)	ေထာ့နဲ့ေထာ့နဲ့ေလျှာက်သည်	hto. ne. hto. ne. shau' te
dislocación (f)	အဆစ်လွဲခြင်း	ahsi' lwe: gjin:
dislocar (vt)	အဆစ်လွဲသည်	ahsi' lwe: de
fractura (f)	ကျိုးအက်ခြင်း	kjou: e' chin:
tener una fractura	ကျိုးအက်သည်	kjou: e' te

corte (m) (tajo)	ရှသည်	sha. de
cortarse (vr)	ရှမိသည်	sha. mi. de
hemorragia (f)	ေသွးထွက်ခြင်း	thwei: htwe' chin:

| quemadura (f) | မီးေလာင်သည့်ဒဏ်ရာ | mi: laun de. dan ja |
| quemarse (vr) | မီးေလာင်ဒဏ်ရာရသည် | mi: laun dan ja ja. de |

pincharse (~ el dedo)	ေဖာက်သည်	hpau' te
pincharse (vr)	ကိုယ်တိုင်ေဖာက်သည်	kou tain hpau' te
herir (vt)	ထိခိုက်ဒဏ်ရာရသည်	hti. gai' dan ja ja. de
herida (f)	ထိခိုက်ဒဏ်ရာ	hti. gai' dan ja
lesión (f) (herida)	ဒဏ်ရာ	dan ja
trauma (m)	စိတ်ဒဏ်ရာ	sei' dan ja

delirar (vi)	ကေယာင်ကတမ်းဖြစ်သည်	kajaun ka dan: bi' te
tartamudear (vi)	တုံ့နေးတုံ့ နေးဖြစ်သည်	toun. hnei: toun. hnei: bji' te
insolación (f)	အပူလျှပ်ခြင်း	apu hlja' chin

49. Los síntomas. Los tratamientos. Unidad 2

| dolor (m) | နာကျင်မှု | na gjin hmu. |
| astilla (f) | ပို့ထွက်ေသာအစ | pe. dwe' tho: asa. |

sudor (m)	ေချွး	chwei:
sudar (vi)	ေချွးထွက်သည်	chwei: htwe' te
vómito (m)	အန်ခြင်း	an gjin:
convulsiones (f pl)	အေကြာလိုက်ခြင်း	akjo: lai' chin:

embarazada (adj)	ကိုယ်ဝန်ေဆာင်ထားေသာ	kou wun hsaun da: de.
nacer (vi)	ေမွးဖွားသည်	mwei: bwa: de
parto (m)	မီးဖွားခြင်း	mi: bwa: gjin:
dar a luz	မီးဖွားသည်	mi: bwa: de
aborto (m)	ကိုယ်ဝန်ဖျက်ချခြင်း	kou wun hpje' cha chin:

respiración (f)	အသက်ရှူခြင်း	athe' shu gjin:
inspiración (f)	ဝင်ေလ	win lei
espiración (f)	ထွက်ေလ	htwe' lei
espirar (vi)	အသက်ရှူထုတ်သည်	athe' shu dou' te
inspirar (vi)	အသက်ရှူသွင်းသည်	athe' shu dhwin: de

inválido (m)	ကိုယ်အင်္ဂါမသန် စွမ်းသူ	kou an ga ma. dhan swan: dhu
mutilado (m)	မသန်မစွမ်းသူ	ma. dhan ma. zwan dhu
drogadicto (m)	ဆေးစွဲသူ	hsei: zwe: dhu

sordo (adj)	နားမကြားသော	na: ma. gja: de.
mudo (adj)	ဆွံ့အသော	hsun. ade.
sordomudo (adj)	ဆွံ့အ နားမကြားသူ	hsun. ana: ma. gja: dhu

loco (adj)	စိတ်မနှံ့သော	sei' ma. hnan. de.
loco (m)	စိတ်မနှံ့သူ	sei' ma. hnan. dhu
loca (f)	စိတ်ဝေဒနာရှင် မိန်းကလေး	sei' wei da. na shin mein: ga. lei:
volverse loco	ရူးသွပ်သည်	ju: dhu' de

gen (m)	မျိုးရိုးဗီဇ	mjou: jou: bi za.
inmunidad (f)	ကိုယ်ခံအား	kou gan a:
hereditario (adj)	မျိုးရိုးလိုက်သော	mjou: jou: lou' te.
de nacimiento (adj)	မွေးရာပါဖြစ်သော	mwei: ja ba bji' te.

virus (m)	ဗိုင်းရပ်ပိုးများ	bain: ja' pou: hmwa:
microbio (m)	အဏုဇီဝရုပ်	anu zi wa. jou'
bacteria (f)	ဗက်တီးရီးယားပိုး	be' ti: ji: ja: bou:
infección (f)	ရောဂါကူးစက်မှု	jo ga gu: ze' hmu.

50. Los síntomas. Los tratamientos. Unidad 3

hospital (m)	ဆေးရုံ	hsei: joun
paciente (m)	လူနာ	lu na

diagnosis (f)	ရောဂါစစ်ဆေးခြင်း	jo ga zi' hsei: gjin:
cura (f)	ဆေးကုထုံး	hsei: ku. doun:
tratamiento (m)	ဆေးဝါးကုသမှု	hsei: wa: gu. dha. hmu.
curarse (vr)	ဆေးကုသမှုခံယူသည်	hsei: ku. dha. hmu. dha de
tratar (vt)	ပြုစုသည်	pju. zu. de
cuidar (a un enfermo)	ပြုစုစောင့်ရှောက်သည်	pju. zu. zaun. shau' te
cuidados (m pl)	ပြုစုစောင့်ရှောက်ခြင်း	pju. zu. zaun. shau' chin:

operación (f)	ခွဲစိတ်ကုသခြင်း	khwe: zei' ku. dha. hin:
vendar (vt)	ပတ်တီးစည်းသည်	pa' ti: ze: de
vendaje (m)	ပတ်တီးစည်းခြင်း	pa' ti: ze: gjin:

vacunación (f)	ကာကွယ်ဆေးထိုးခြင်း	ka gwe hsei: dou: gjin:
vacunar (vt)	ကာကွယ်ဆေးထိုးသည်	ka gwe hsei: dou: de
inyección (f)	ဆေးထိုးခြင်း	hsei: dou: gjin:
aplicar una inyección	ဆေးထိုးသည်	hsei: dou: de

ataque (m)	ရောဂါ ရုတ်တရက်ကျရောက်ခြင်း	jo ga jou' ta. je' kja. jau' chin:
amputación (f)	ဖြတ်တောက်ကုသခြင်း	hpja' tau' ku. dha gjin:
amputar (vt)	ဖြတ်တောက်ကုသသည်	hpja' tau' ku. dha de
coma (m)	မေ့မြောခြင်း	mei. mjo: gjin:
estar en coma	မေ့မြောသည်	mei. mjo: de
revitalización (f)	အစွမ်းကုန်ပြုစုခြင်း	aswan: boun bju. zu. bjin:
recuperarse (vr)	ရောဂါသက်သာသွားလာသည်	jo ga dhe' tha la de

estado (m) (de salud)	ကျန်းမာရေးအခြေအနေ	kjan: ma jei: achei a nei
consciencia (f)	ပြန်လည်သတိရလာခြင်း	pjan le dhadi. ja. la. gjin:
memoria (f)	မှတ်ဉာက်	hma' njan

extraer (un diente)	နုတ်သည်	hna' te
empaste (m)	သွားပေါက်ဖာထေးမှု	thwa: bau' hpa dei: hmu.
empastar (vt)	ဖာသည်	hpa de

hipnosis (f)	အိပ်မွေ့ချခြင်း	ei' mwei. gja. gjin:
hipnotizar (vt)	အိပ်မွေ့ချသည်	ei' mwei. gja. de

51. Los médicos

médico (m)	ဆရာဝန်	hsa ja wun
enfermera (f)	သူနာပြု	thu na bju.
médico (m) personal	ကိုယ်ရေး ဆရာဝန်	kou jei: hsaja wun

dentista (m)	သွားဆရာဝန်	thwa: hsaja wun
oftalmólogo (m)	မျက်စိဆရာဝန်	mje' si. za. ja wun
internista (m)	ရောဂါရှာဖွေရေးဆရာဝန်	jo ga sha bwei jei: hsaja wun
cirujano (m)	ခွဲစိတ်ကုဆရာဝန်	khwe: hsei' ku hsaja wun

psiquiatra (m)	စိတ်ရောဂါအထူးကုဆရာဝန်	sei' jo: ga ahtu: gu. zaja wun
pediatra (m)	ကလေးအထူးကုဆရာဝန်	kalei: ahtu: ku. hsaja wun
psicólogo (m)	စိတ်ပညာရှင်	sei' pjin nja shin
ginecólogo (m)	မီးယပ်ရောဂါအထူး ကုဆရာဝန်	mi: ja' jo: ga ahtu: gu za. ja wun
cardiólogo (m)	နှလုံးရောဂါအထူး ကုဆရာဝန်	hnaloun: jo: ga ahtu: gu. zaja wun

52. La medicina. Las drogas. Los accesorios

medicamento (m), droga (f)	ဆေးဝါး	hsei: wa:
remedio (m)	ကုသခြင်း	ku. dha. gjin:
prescribir (vt)	ဆေးအညွှန်းပေးသည်	hsa: ahnjun: bwe: de
receta (f)	ဆေးညွှန်း	hsei: hnjun:

tableta (f)	ဆေးပြား	hsei: bja:
ungüento (m)	လိမ်းဆေး	lein: zei:
ampolla (f)	လေလုံဖန်ပုလင်းငယ်	lei loun ban bu. lin: nge
mixtura (f), mezcla (f)	စပ်ဆေးရည်	sa' ei: je
sirope (m)	ဖျော်ရည်ဆီ	hpjo jei zi
píldora (f)	ဆေးတောင့်	hsei: daun.
polvo (m)	အမှုန့်	ahmoun.

venda (f)	ပတ်တီး	pa' ti:
algodón (m) (discos de ~)	ဂွမ်းလိပ်	gwan: lei'
yodo (m)	တင်ဂျာအိုင်ဒင်း	tin gja ein din:

tirita (f), curita (f)	ပလာစတာ	pa. la sata
pipeta (f)	မျက်စဉ်းခတ်ကိရိယာ	mje' zin: ba' ki. ji. ja
termómetro (m)	အပူချိန်တိုင်းကိရိယာ	apu gjein dain: gi. ji. ja

jeringa (f)	ဆေးထိုးပြွတ်	hsei: dou: bju'
silla (f) de ruedas	ဘီးတပ်ကုလားထိုင်	bi: da' ku. la: dain
muletas (f pl)	ချိုင်းထောက်	chain: dau'
anestésico (m)	အကိုက်အခဲပျောက်ဆေး	akai' akhe: pjau' hsei:
purgante (m)	ဝမ်းနုတ်ဆေး	wan: hnou' hsei:
alcohol (m)	အရက်ပျံ	aje' pjan
hierba (f) medicinal	ဆေးဖက်ဝင်အပင်များ	hsei: hpa' win apin mja:
de hierbas (té ~)	ဆေးဖက်ဝင်အပင်	hsei: hpa' win apin
	နှင့်ဆိုင်သော	hnin. zain de.

EL AMBIENTE HUMANO

La ciudad

53. La ciudad. La vida en la ciudad

ciudad (f)	မြို့	mjou.
capital (f)	မြို့တော်	mjou. do
aldea (f)	ရွာ	jwa
plano (m) de la ciudad	မြို့လမ်းညွှန်မြေပုံ	mjou. lan hnjun mjei boun
centro (m) de la ciudad	မြို့လယ်ခေါင်	mjou. le gaun
suburbio (m)	ဆင်ခြေဖုံးအရပ်	hsin gjei aja'
suburbano (adj)	ဆင်ခြေဖုံးအရပ်ဖြစ်သော	hsin gjei hpoun aja' hpa' te.
arrabal (m)	မြို့စွန်	mjou. zun
afueras (f pl)	ပတ်ဝန်းကျင်	pa' wun: gjin:
barrio (m)	စည်ကားရာမြို့လယ်နေရာ	si: ga: ja mjou. le nei ja
zona (f) de viviendas	လူနေရပ်ကွက်	lu nei ja' kwe'
tráfico (m)	ယာဉ်အသွားအလာ	jin athwa: ala
semáforo (m)	မီးပွိုင့်	mi: bwain.
transporte (m) urbano	ပြည်သူပိုင်ရေးသွား ပို့ဆောင်ရေး	pji dhu bain gaji: dhwa: bou. zaun jei:
cruce (m)	လမ်းဆုံ	lan: zoun
paso (m) de peatones	လူကူးမျဉ်းကြား	lu gu: mji: gja:
paso (m) subterráneo	မြေအောက်လမ်းကူး	mjei au' lan: gu:
cruzar (vt)	လမ်းကူးသည်	lan: gu: de
peatón (m)	လမ်းသွားလမ်းလာ	lan: dhwa: lan: la
acera (f)	လူသွားလမ်း	lu dhwa: lan:
puente (m)	တံတား	dada:
muelle (m)	ကမ်းနားတမံ	kan: na: da. man
fuente (f)	ရေပန်း	jei ban:
alameda (f)	ရိပ်သာလမ်း	jei' tha lan:
parque (m)	ပန်းခြံ	pan: gjan
bulevar (m)	လမ်းဟယ်	lan: ge
plaza (f)	ရင်ပြင်	jin bjin
avenida (f)	လမ်းမကြီး	lan: mi. gji:
calle (f)	လမ်း	lan:
callejón (m)	လမ်းသွယ်	lan: dhwe
callejón (m) sin salida	လမ်းဆုံး	lan: zoun:
casa (f)	အိမ်	ein
edificio (m)	အဆောက်အဦ	ahsau' au
rascacielos (m)	မိုးမျှော်တိုက်	mou: hmjo tou'
fachada (f)	အိမ်ရှေ့နံရံ	ein shei. nan jan

techo (m)	အမိုး	amou:
ventana (f)	ပြတင်းပေါက်	badin: pau'
arco (m)	မုခ်ဝ	mou' wa.
columna (f)	တိုင်	tain
esquina (f)	ထောင့်	htaun.

escaparate (f)	ဆိုင်ရှေ့ပစ္စည်း အခင်းအကျင်း	hseun shei. bji' si: akhin: akjin:
letrero (m) (~ luminoso)	ဆိုင်းဘုတ်	hsain: bou'
cartel (m)	ပိုစတာ	pou sata
cartel (m) publicitario	ကြော်ငြာပိုစတာ	kjo nja bou sata
valla (f) publicitaria	ကြော်ငြာဆိုင်းဘုတ်	kjo nja zain: bou'

basura (f)	အမှိုက်	ahmai'
cajón (m) de basura	အမှိုက်ပုံး	ahmai' poun:
tirar basura	လွှင့်ပစ်သည်	hlwin. bi' te
basurero (m)	အမှိုက်ပုံ	ahmai' poun

cabina (f) telefónica	တယ်လီဖုန်းဆက်ရန်နေရာ	te li hpoun: ze' jan nei ja
farola (f)	လမ်းမီး	lan: mi:
banco (m) (del parque)	ခုံတန်းရှည်	khoun dan: shei

policía (m)	ရဲ	je:
policía (f) (~ nacional)	ရဲ	je:
mendigo (m)	သူတောင်းစား	thu daun: za:
persona (f) sin hogar	အိမ်ယာမဲ့	ein ja me.

54. Las instituciones urbanas

tienda (f)	ဆိုင်	hsain
farmacia (f)	ဆေးဆိုင်	hsei: zain
óptica (f)	မျက်မှန်ဆိုင်	mje' hman zain
centro (m) comercial	ရေးဝင်စင်တာ	zei: wun zin da
supermercado (m)	ကုန်တိုက်ကြီး	koun dou' kji:

panadería (f)	မုန့်တိုက်	moun. dai'
panadero (m)	ပေါင်မုန့်ဖုတ်သူ	paun moun. bou' dhu
pastelería (f)	မုန့်ဆိုင်	moun. zain
tienda (f) de comestibles	ကုန်စုံဆိုင်	koun zoun zain
carnicería (f)	အသားဆိုင်	atha: ain

| verdulería (f) | ဟင်းသီးဟင်းရွက်ဆိုင် | hin: dhi: hin: jwe' hsain |
| mercado (m) | ဈေး | zei: |

cafetería (f)	ကော်ဖီဆိုင်	ko hpi zain
restaurante (m)	စားသောက်ဆိုင်	sa: thau' hsain
cervecería (f)	ဘီယာဆိုင်	bi ja zain:
pizzería (f)	ပီဇာမုန့်ဆိုင်	pi za moun. zain

peluquería (f)	ဆံပင်ညှပ်ဆိုင်	zain hnja' hsain
oficina (f) de correos	စာတိုက်	sa dai'
tintorería (f)	အဝတ်အခြောက်လျှော်လုပ်ငန်း	awu' achou' hlo: lou' ngan:
estudio (m) fotográfico	ဓာတ်ပုံရိုက်ခန်း	da' poun jai' khan:
zapatería (f)	ဖိနပ်ဆိုင်	hpana' sain

| librería (f) | စာအုပ်ဆိုင် | sa ou' hsain |
| tienda (f) deportiva | အားကစားပစ္စည်းဆိုင် | a: gaza: pji' si: zain |

arreglos (m pl) de ropa	စက်ပြင်ဆိုင်	se' pjin zain
alquiler (m) de ropa	ဝတ်စုံအငှါးဆိုင်	wa' zoun ahnga: zain
videoclub (m)	အခွေငှါးဆိုင်	akhwei hnga: zain:

circo (m)	ဆပ်ကပ်	hsa' ka'
zoológico (m)	တိရစ္ဆာန်ဥယျာဉ်	tharei' hsan u. jin
cine (m)	ရုပ်ရှင်ရုံ	jou' shin joun
museo (m)	ပြတိုက်	pja. dai'
biblioteca (f)	စာကြည့်တိုက်	sa gji. dai'

teatro (m)	ကဇာတ်ရုံ	ka. za' joun
ópera (f)	အော်ပရာဇာတ်ရုံ	o pa ra za' joun
club (m) nocturno	နိက်ကလပ်	nai' ka. la'
casino (m)	လောင်းကစားရုံ	laun: gaza: joun

mezquita (f)	ဗလီ	bali
sinagoga (f)	ရှဟူဒိဘုရား	ja. hu di bu. ja:
	ရှိုးကျောင်း	shi. gou: gjaun:
catedral (f)	ဘုရားရှိခိုးကျောင်းတော်	hpaja: gjaun: do:
templo (m)	ဘုရားကျောင်း	hpaja: gjaun:
iglesia (f)	ဘုရားကျောင်း	hpaja: gjaun:

instituto (m)	တက္ကသိုလ်	te' kathou
universidad (f)	တက္ကသိုလ်	te' kathou
escuela (f)	စာသင်ကျောင်း	sa dhin gjaun:

prefectura (f)	စိရင်စုနယ်	si jin zu. ne
alcaldía (f)	မြို့တော်ခန်းမ	mjou. do gan: ma.
hotel (m)	ဟိုတယ်	hou te
banco (m)	ဘဏ်	ban

embajada (f)	သံရုံး	than joun:
agencia (f) de viajes	ခရီးသွားလုပ်ငန်း	khaji: thwa: lou' ngan:
oficina (f) de información	သတင်းအချက်အလက်ဌာန	dhadin: akje' ale' hta. na.
oficina (f) de cambio	ငွေလဲရန်နေရာ	ngwei le: jan nei ja

| metro (m) | မြေအောက်ဥမင်လမ်း | mjei au' u. min lan: |
| hospital (m) | ဆေးရုံ | hsei: joun |

| gasolinera (f) | ဆီဆိုင် | hsi: zain |
| aparcamiento (m) | ကားပါကင် | ka: pa kin |

55. Los avisos

letrero (m) (~ luminoso)	ဆိုင်းဘုတ်	hsain: bou'
cartel (m) (texto escrito)	သတိပေးစာ	dhadi. pei za
pancarta (f)	ပိုစတာ	pou sata
señal (m) de dirección	လမ်းညွှန်	lan: hnjun
flecha (f) (signo)	လမ်းညွှန်မြား	lan: hnjun hmja:
advertencia (f)	သတိပေးခြင်း	dhadi. pei: gjin:
aviso (m)	သတိပေးချက်	dhadi. pei: gje'

advertir (vt)	သတိပေးသည်	dhadi. pei: de
día (m) de descanso	ရုံးပိတ်ရက်	joun: bei' je'
horario (m)	အချိန်ဇယား	achein zaja:
horario (m) de apertura	ဖွင့်ချိန်	hpwin. gjin

¡BIENVENIDOS!	ကြိုဆိုပါသည်	kjou hsou ba de
ENTRADA	ဝင်ပေါက်	win bau'
SALIDA	ထွက်ပေါက်	htwe' pau'

EMPUJAR	တွန်းသည်	tun: de
TIRAR	ဆွဲသည်	hswe: de
ABIERTO	ဖွင့်သည်	hpwin. de
CERRADO	ပိတ်သည်	pei' te

MUJERES	အမျိုးသမီးသုံး	amjou: dhami: dhoun:
HOMBRES	အမျိုးသားသုံး	amjou: dha: dhoun:

REBAJAS	လျှော့ဈေး	sho. zei:
SALDOS	လျှော့ဈေး	sho. zei:
NOVEDAD	အသစ်	athi'
GRATIS	အခမဲ့	akha me.

¡ATENCIÓN!	သတိ	thadi.
COMPLETO	အလွတ်မရှိ	alu' ma shi.
RESERVADO	ကြိုတင်မှာယူထားပြီး	kjou tin hma ju da: bji:

ADMINISTRACIÓN	စီမံအုပ်ချုပ်ခြင်း	si man ou' chou' chin:
SÓLO PERSONAL AUTORIZADO	အမှုထမ်းအတွက်အသာ	ahmu. htan: atwe' atha

CUIDADO CON EL PERRO	ခွေးကိုက်တတ်သည်	khwei: kai' ta' te
PROHIBIDO FUMAR	ဆေးလိပ်မသောက်ရ	hsei: lei' ma. dhau' ja.
NO TOCAR	မထိရ	ma. di. ja.

PELIGROSO	အန္တရာယ်ရှိသည်	an dare shi. de.
PELIGRO	အန္တရာယ်	an dare
ALTA TENSIÓN	ဗို့.အားပြင်း	bou. a: bjin:
PROHIBIDO BAÑARSE	ရေမကူးရ	jei ma. gu: ja.
NO FUNCIONA	ပျက်နေသည်	pje' nei de

INFLAMABLE	မီးလောင်တတ်သည်	mi: laun da' te
PROHIBIDO	တားမြစ်သည်	ta: mji' te
PROHIBIDO EL PASO	မကျူးကျော်ရ	ma. gju: gjo ja
RECIÉN PINTADO	ဆေးမခြောက်သေး	hsei: ma. gjau' dhei:

56. El transporte urbano

autobús (m)	ဘတ်စ်ကား	ba's ka:
tranvía (m)	ဓာတ်ရထား	da' ja hta:
trolebús (m)	ဓာတ်ကား	da' ka;
itinerario (m)	လမ်းကြောင်း	lan: gjaun:
número (m)	ကားနံပါတ်	ka: nan ba'
ir en …	ယဉ်စီးသည်	jin zi: de
tomar (~ el autobús)	ထိုင်သည်	htain de

bajar (~ del tren)	ကားပေါ်မှဆင်းသည်	ka: bo hma. zin: de
parada (f)	မှတ်တိုင်	hma' tain
próxima parada (f)	နောက်မှတ်တိုင်	nau' hma' tain
parada (f) final	အဆုံးမှတ်တိုင်	ahsoun: hma' tain
horario (m)	အချိန်ဇယား	achein zaja:
esperar (aguardar)	စောင့်သည်	saun. de

billete (m)	လက်မှတ်	le' hma'
precio (m) del billete	ယာဉ်စီးခ	jin zi: ga.

cajero (m)	ငွေကိုင်	ngwei gain
control (m) de billetes	လက်မှတ်စစ်ဆေးခြင်း	le' hma' ti' hsei: chin
revisor (m)	လက်မှတ်စစ်ဆေးသူ	le' hma' ti' hsei: dhu:

llegar tarde (vi)	နောက်ကျသည်	nau' kja. de
perder (~ el tren)	ကားနောက်ကျသည်	ka: nau' kja de
tener prisa	အမြန်လုပ်သည်	aman lou' de

taxi (m)	တက္ကစီ	te' kasi
taxista (m)	တက္ကစီမောင်းသူ	te' kasi maun: dhu
en taxi	တက္ကစီဖြင့်	te' kasi hpjin.
parada (f) de taxi	တက္ကစီစုရပ်	te' kasi zu. ja'
llamar un taxi	တက္ကစီခေါ်သည်	te' kasi go de
tomar un taxi	တက္ကစီငှားသည်	te' kasi hnga: de

tráfico (m)	ယာဉ်အသွားအလာ	jin athwa: ala
atasco (m)	ယာဉ်ကြောပိတ်ဆို့မှု	jin gjo: bei' hsou. hmu.
horas (f pl) de punta	အလုပ်ဆင်းချိန်	alou' hsin: gjain
aparcar (vi)	ယာဉ်ရပ်နားရန်နေရာယူသည်	jin ja' na: jan nei ja ju de
aparcar (vt)	ကားအားပါကင်ထိုးသည်	ka: a: pa kin dou: de
aparcamiento (m)	ပါကင်	pa gin

metro (m)	မြေအောက်ဥမင်လမ်း	mjei au' u. min lan:
estación (f)	ဘူတာရှိ	bu da joun
ir en el metro	မြေအောက်ရထားဖြင့်သွားသည်	mjei au' ja. da: bjin. dhwa: de
tren (m)	ရထား	jatha:
estación (f)	ရထားဘူတာရှိ	jatha: buda joun

57. El turismo. La excursión

monumento (m)	ရုပ်တု	jou' tu.
fortaleza (f)	ခံတပ်ကြီး	khwan da' kji:
palacio (m)	နန်းတော်	nan do
castillo (m)	ရဲတိုက်	je: dai'
torre (f)	မျှော်စင်	hmjo zin
mausoleo (m)	ဂူဗိမာန်	gu bi. man

arquitectura (f)	ဗိသုကာပညာ	bi. thu. ka pjin nja
medieval (adj)	အလယ်ခေတ်နှင့်ဆိုင်သော	ale khei' hnin. zain de.
antiguo (adj)	ရှေးကျသော	shei: gja. de
nacional (adj)	အမျိုးသားနှင့်ဆိုင်သော	amjou: dha: hnin. zain de.
conocido (adj)	နာမည်ကြီးသော	na me gji: de.
turista (m)	ကမ္ဘာလှည့်ခရီးသည်	ga ba hli. kha. ji: de
guía (m) (persona)	လမ်းညွှန်	lan: hnjun

excursión (f)	လေ့လာရေးခရီး	lei. la jei: gaji:
mostrar (vt)	ပြသည်	pja. de
contar (una historia)	ပြောပြသည်	pjo: bja. de

encontrar (hallar)	ရှာတွေ့သည်	sha dwei. de
perderse (vr)	ပျောက်သည်	pjau' te
plano (m) (~ de metro)	မြေပုံ	mjei boun
mapa (m) (~ de la ciudad)	မြေပုံ	mjei boun

recuerdo (m)	အမှတ်တရလက်ဆောင်ပစ္စည်း	ahma' ta ra le' hsaun pji' si:
tienda (f) de regalos	လက်ဆောင်ပစ္စည်းဆိုင်	le' hsaun pji' si: zain
hacer fotos	ဓာတ်ပုံရိုက်သည်	da' poun jai' te
fotografiarse (vr)	ဓာတ်ပုံရိုက်သည်	da' poun jai' te

58. Las compras

comprar (vt)	ဝယ်သည်	we de
compra (f)	ဝယ်ဝရာ	we zaja
hacer compras	ဈေးဝယ်ထွက်ခြင်း	zei: we htwe' chin:
compras (f pl)	ရှော့ပင်း	sho. bin:

estar abierto (tienda)	ဆိုင်ဖွင့်သည်	hsain bwin. de
estar cerrado	ဆိုင်ပိတ်သည်	hseun bi' te

calzado (m)	ဖိနပ်	hpana'
ropa (f)	အဝတ်အစား	awu' aza:
cosméticos (m pl)	အလှကုန်ပစ္စည်း	ahla. koun pji' si:
productos alimenticios	စားသောက်ကုန်	sa: thau' koun
regalo (m)	လက်ဆောင်	le' hsaun

vendedor (m)	ရောင်းသူ	jaun: dhu
vendedora (f)	ရောင်းသူ	jaun: dhu

caja (f)	ငွေရှင်းရန်နေရာ	ngwei shin: jan nei ja
espejo (m)	မှန်	hman
mostrador (m)	ကောင်တာ	kaun da
probador (m)	အဝတ်လဲခန်း	awu' le: gan:

probar (un vestido)	တိုင်းကြည့်သည်	tain: dhi. de
quedar (una ropa, etc.)	သင့်တော်သည်	thin. do de
gustar (vi)	ကြိုက်သည်	kjai' de

precio (m)	ဈေးနှုန်း	zei: hnan:
etiqueta (f) de precio	ဈေးနှုန်းကတ်ပြား	zei: hnan: ka' pja:
costar (vt)	ကုန်ကျသည်	koun mja. de
¿Cuánto?	ဘယ်လောက်လဲ	be lau' le:
descuento (m)	လျှော့ဈေး	sho. zei:

no costoso (adj)	ဈေးမကြီးသော	zei: ma. kji: de.
barato (adj)	ဈေးပေါသော	zei: po: de.
caro (adj)	ဈေးကြီးသော	zei: kji: de.
Es caro	အဲဈေးကြီးတယ်	da zei: gji: de
alquiler (m)	ငှားရမ်းခြင်း	hna: jan: chin:
alquilar (vt)	ငှားရမ်းသည်	hna: jan: de

| crédito (m) | အကြေးစနစ် | akjwei: sani' |
| a crédito (adv) | အကြေးစနစ်ဖြင့် | akjwei: sa ni' hpjin. |

59. El dinero

dinero (m)	ပိုက်ဆံ	pai' hsan
cambio (m)	လဲလှယ်ခြင်း	le: hle gjin:
curso (m)	ငွေလဲနန်း	ngwei le: hnan:
cajero (m) automático	အလိုအလျောက်ငွေထုတ်စက်	alou aljau' ngwei htou' se'
moneda (f)	အကြေစေ့	akjwei zei.

| dólar (m) | ဒေါ်လာ | do la |
| euro (m) | ယူရို | ju rou |

lira (f)	အီတလီ လိုင်ရာငွေ	ita. li lain ja ngwei
marco (m) alemán	ဂျာမန်မတ်ငွေ	gja man ma' ngwei
franco (m)	ဖရန့်	hpa. jan.
libra esterlina (f)	စတာလင်ပေါင်	sata lin baun
yen (m)	ယန်း	jan:

deuda (f)	အကြေး	akjwei:
deudor (m)	မြီစား	mji za:
prestar (vt)	ရေးသည်	chei: de
tomar prestado	အကြေးယူသည်	akjwei: ju de

banco (m)	ဘဏ်	ban
cuenta (f)	ငွေစာရင်း	ngwei za jin:
ingresar (~ en la cuenta)	ထည့်သည်	hte de.
ingresar en la cuenta	ငွေသွင်းသည်	ngwei dhwin: de
sacar de la cuenta	ငွေထုတ်သည်	ngwei dou' te

tarjeta (f) de crédito	အကြေးဝယ်ကဒ်ပြား	akjwei: we ka' pja
dinero (m) en efectivo	လက်ငင်း	le' ngin:
cheque (m)	ချက်	che'
sacar un cheque	ချက်ရေးသည်	che' jei: de
talonario (m)	ချက်စာအုပ်	che' sa ou'

cartera (f)	ပိုက်ဆံအိတ်	pai' hsan ei'
monedero (m)	ပိုက်ဆံအိတ်	pai' hsan ei'
caja (f) fuerte	မီးခံသေတ္တာ	mi: gan dhi' ta

heredero (m)	အမွေစားအမွေခံ	amwei za: amwei gan
herencia (f)	အမွေဆက်ခံခြင်း	amwei ze' khan gjin:
fortuna (f)	အခွင့်အလမ်း	akhwin. alan:

arriendo (m)	အိမ်ငှား	ein hnga:
alquiler (m) (dinero)	အခန်းငှားခ	akhan: hnga: ga
alquilar (~ una casa)	ငှားသည်	hnga: de

precio (m)	ဈေးနန်း	zei: hnan:
coste (m)	ကုန်ကျစရိတ်	koun gja. za. ji'
suma (f)	ပေါင်းလဒ်	paun: la'
gastar (vt)	သုံးစွဲသည်	thoun: zwe: de
gastos (m pl)	စရိတ်စက	zaei' zaga.

economizar (vi, vt)	ချွေတာသည်	chwei da de
económico (adj)	တွက်ခြေကိုက်သော	twe' chei kai' te.
pagar (vi, vt)	ပေးချေသည်	pei: gjei de
pago (m)	ပေးချေသည့်ငွေ	pei: gjei de. ngwei
cambio (m) (devolver el ~)	ပြန်အမ်းငွေ	pjan an: ngwe
impuesto (m)	အခွန်	akhun
multa (f)	ဒဏ်ငွေ	dan ngwei
multar (vt)	ဒဏ်ရိုက်သည်	dan jai' de

60. La oficina de correos

oficina (f) de correos	စာတိုက်	sa dai'
correo (m) (cartas, etc.)	မေးလ်	mei: l
cartero (m)	စာပို့သမား	sa bou. dhama:
horario (m) de apertura	ဖွင့်ချိန်	hpwin. gjin
carta (f)	စာ	sa
carta (f) certificada	မှတ်ပုံတင်ပြီးသောစာ	hma' poun din bji: dho' za:
tarjeta (f) postal	ပို့စ်ကဒ်	pou. sa. ka'
telegrama (m)	ကြေးနန်း	kjei: nan:
paquete (m) postal	ပါဆယ်	pa ze
giro (m) postal	ငွေလွှဲခြင်း	ngwei hlwe: gjin:
recibir (vt)	လက်ခံရရှိသည်	le' khan ja. shi. de
enviar (vt)	ပို့သည်	pou. de
envío (m)	ပို့ခြင်း	pou. gjin:
dirección (f)	လိပ်စာ	lei' sa
código (m) postal	စာပို့သင်္ကေတ	sa bou dhin kei ta.
expedidor (m)	ပို့သူ	pou. dhu
destinatario (m)	လက်ခံသူ	le' khan dhu
nombre (m)	အမည်	amji
apellido (m)	မိသားစု မျိုးရိုးနာမည်	mi. dha: zu. mjou: jou: na mji
tarifa (f)	စာပို့ နှုန်းထား	sa bou. kha. hnan: da:
ordinario (adj)	စံနှုန်းသတ်မှတ်ထားသော	san hnoun: dha' hma' hta: de.
económico (adj)	ကုန်ကျငွေသက်သာသော	koun gja ngwe dhe' dha de.
peso (m)	အလေးချိန်	alei: gjein
pesar (~ una carta)	ချိန်သည်	chein de
sobre (m)	စာအိတ်	sa ei'
sello (m)	တံဆိပ်ခေါင်း	da zei' khaun:
poner un sello	တံဆိပ်ခေါင်းကပ်သည်	da zei' khaun: ka' te

La vivienda. La casa. El hogar

61. La casa. La electricidad

electricidad (f)	လျှပ်စစ်ဓာတ်အား	hlja' si' da' a:
bombilla (f)	မီးသီး	mi: dhi:
interruptor (m)	ခလုတ်	khalou'
fusible (m)	ဖျူးစ်	hpju: s
cable, hilo (m)	ဝိုင်ယာကြိုး	wain ja gjou:
instalación (f) eléctrica	လျှပ်စစ်ကြိုးသွယ်တန်းမှု	hlja' si' kjou: dhwe dan: hmu
contador (m) de luz	လျှပ်စစ်မီတာ	hlja' si' si da
lectura (f) (~ del contador)	ပြဿသာဝမာဏ	pja. dho: ba ma na.

62. La villa. La mansión

casa (f) de campo	တောအိမ်	to: ein
villa (f)	ကမ်းခြေအပန်းဖြေအိမ်	kan: gjei apan: hpjei ein
ala (f)	တံစက်မြိတ်	toun ze' mei'
jardín (m)	ဥယျာဉ်	u. jin
parque (m)	ပန်းခြံ	pan: gjan
invernadero (m) tropical	ဖန်လုံအိမ်	hpan ain
cuidar (~ el jardín, etc.)	ပြုစုစောင့်ရှောက်သည်	pju. zu. zaun. shau' te
piscina (f)	ရေကူးကန်	jei ku: gan
gimnasio (m)	အိမ်တွင်း ကျန်းမာ	ein dwin: gjan: ma
	ရေးလေ့ကျင့်ရှိ	jei: lei. gjin. joun
cancha (f) de tenis	တင်းနစ်ကွင်း	tin: ni' kwin:
sala (f) de cine	အိမ်တွင်း ရုပ်ရှင်ရုံ	ein dwin: jou' shin joun
garaje (m)	ဂိုဒေါင်	gou daun
propiedad (f) privada	တသီးပုဂ္ဂလိက	tadhi: pou' ga li ka.
	ပိုင်ဆိုင်မြေပစ္စည်း	bain: zain mjei pji' si:
terreno (m) privado	တသီးပုဂ္ဂလိကပိုင်နယ်မြေ	tadhi: pou' ga li ka. bain: mjei
advertencia (f)	သတိပေးချက်	dhadi. pei: gje'
letrero (m) de aviso	သတိပေးဆိုင်းပုဒ်	dhadi. pei: zain: bou'
seguridad (f)	လုံခြုံရေး	loun gjoun jei:
guardia (m) de seguridad	လုံခြုံရေးအစောင့်	loun gjoun jei: asaun.
alarma (f) antirrobo	သူခိုးလန့် ခေါင်းလောင်း	thu khou: hlan. khaun: laun:

63. El apartamento

| apartamento (m) | တိုက်ခန်း | tai' khan: |
| habitación (f) | အခန်း | akhan: |

dormitorio (m)	အိပ်ခန်း	ei' khan:
comedor (m)	ထမင်းစားခန်း	htamin: za: gan:
salón (m)	ည့်ခန်း	e. gan:
despacho (m)	အိမ်တွင်းရုံးခန်းလေး	ein dwin: joun: gan: lei:

antecámara (f)	ဝင်ပေါက်	win bau'
cuarto (m) de baño	ရေချိုးခန်း	jei gjou gan:
servicio (m)	အိမ်သာ	ein dha

techo (m)	မျက်နှာကြက်	mje' hna gje'
suelo (m)	ကြမ်းပြင်	kan: pjin
rincón (m)	ထောင့်	htaun.

64. Los muebles. El interior

muebles (m pl)	ပရိဘောဂ	pa rl. bo: ga.
mesa (f)	စားပွဲ	sa: bwe:
silla (f)	ကုလားထိုင်	kala: dain
cama (f)	ကုတင်	ku din
sofá (m)	ဆိုဖာ	hsou hpa
sillón (m)	လက်တင်ပါသောကုလားထိုင်	le' tin ba dho: ku. la: dain

| librería (f) | စာအုပ်စင် | sa ou' sin |
| estante (m) | စင် | sin |

armario (m)	ဗီရို	bi jou
percha (f)	နံရံကပ်အဝတ်ချိတ်စင်	nan jan ga' awu' gei' zin
perchero (m) de pie	အဝတ်ချိတ်စင်	awu' gjei' sin

| cómoda (f) | အံဆွဲပါ မှန်တင်ခုံ | an. zwe: pa hman din khoun |
| mesa (f) de café | စားပွဲပု | sa: bwe: bu. |

espejo (m)	မှန်	hman
tapiz (m)	ကော်ဇော	ko zo:
alfombra (f)	ကော်ဇော	ko zo:

chimenea (f)	မီးလင်းဖို	mi: lin: bou
vela (f)	ဖယောင်းတိုင်	hpa. jaun dain
candelero (m)	ဖယောင်းတိုင်စိုက်သောတိုင်	hpa. jaun dain zou' tho dain

cortinas (f pl)	ခန်းဆီးရှည်	khan: zi: shei
empapelado (m)	နံရံကပ်စက္ကူ	nan jan ga' se' ku
estor (m) de láminas	ယင်းလိပ်	jin: lei'

| lámpara (f) de mesa | စားပွဲတင်မီးအိမ် | sa: bwe: din mi: ein |
| aplique (m) | နံရံကပ်မီး | nan jan ga' mi: |

| lámpara (f) de pie | မတ်တပ်မီးစလောင်း | ma' ta' mi: za. laun: |
| lámpara (f) de araña | မီးပန်းထိုင်း | mi: ban: zain: |

pata (f) (~ de la mesa)	ခြေထောက်	chei htau'
brazo (m)	လက်တန်း	le' tan:
espaldar (m)	နောက်မှီ	nau' mi
cajón (m)	အံဆွဲ	an. zwe:

65. Los accesorios de cama

ropa (f) de cama	အိပ်ရာခင်းများ	ei' ja khin: mja:
almohada (f)	ခေါင်းအုံး	gaun: oun:
funda (f)	ခေါင်းအုပ်	gaun: zu'
manta (f)	စောင်	saun
sábana (f)	အိပ်ရာခင်း	ei' ja khin:
sobrecama (f)	အိပ်ရာဖုံး	ei' ja hpoun:

66. La cocina

cocina (f)	မီးဖိုခန်း	mi: bou gan:
gas (m)	ဓာတ်ငွေ့	da' ngwei.
cocina (f) de gas	ဂတ်စ်မီးဖို	ga' s mi: bou
cocina (f) eléctrica	လျှပ်စစ်မီးဖို	hlja' si' si: bou
horno (m)	မုန့်ဖုတ်ရန်ဖို	moun. bou' jan bou
horno (m) microondas	မိုက်ခရိုဝေ့ဗ်	mou' kha. jou wei. b
frigorífico (m)	ရေခဲသေတ္တာ	je ge: dhi' ta
congelador (m)	ရေခဲခန်း	jei ge: gan:
lavavajillas (m)	ပန်းကန်ဆေးစက်	bagan: zei: ze'
picadora (f) de carne	အသားကြိတ်စက်	atha: kjei' za'
exprimidor (m)	အသီးဖျော်စက်	athi: hpjo ze'
tostador (m)	ပေါင်မုန့်ကင်စက်	paun moun. gin ze'
batidora (f)	မွှေစက်	hmwei ze'
cafetera (f) (aparato de cocina)	ကော်ဖီဖျော်စက်	ko hpi hpjo ze'
cafetera (f) (para servir)	ကော်ဖီအိုး	ko hpi ou:
molinillo (m) de café	ကော်ဖီကြိတ်စက်	ko hpi kjei ze'
hervidor (m) de agua	ရေနွေးကရားအိုး	jei nwei: gaja: ou:
tetera (f)	လက်ဘက်ရည်အိုး	le' be' ji ou:
tapa (f)	အိုးအဖုံး	ou: ahpoun:
colador (m) de té	လက်ဖက်ရည်စစ်	le' hpe' ji zi'
cuchara (f)	ဇွန်း	zun:
cucharilla (f)	လက်ဖက်ရည်ဇွန်း	le' hpe' ji zwan:
cuchara (f) de sopa	အရည်သောက်ဇွန်း	aja: dhau' zun:
tenedor (m)	ခက်ရင်း	khajin:
cuchillo (m)	ဓား	da:
vajilla (f)	အိုးခွက်ပန်းကန်	ou: kwe' pan: gan
plato (m)	ပန်းကန်ပြား	bagan: bja:
platillo (m)	အောက်ခံပန်းကန်ပြား	au' khan ban: kan pja:
vaso (m) de chupito	ဖန်ခွက်	hpan gwe'
vaso (m) (~ de agua)	ဖန်ခွက်	hpan gwe'
taza (f)	ခွက်	khwe'
azucarera (f)	သကြားခွက်	dhagja: khwe'
salero (m)	ဆားဘူး	hsa: bu:

| pimentero (m) | ပြွတ်ကောင်းဘူး | njou' kaun: bu: |
| mantequera (f) | ထောပတ်ရွက် | hto: ba' khwe' |

cacerola (f)	ပေါင်းအိုး	paun: ou:
sartén (f)	ဟင်းကြော်အိုး	hin: gjo ou:
cucharón (m)	ဟင်းခပ်ဇွန်း	hin: ga' zun
colador (m)	ဆန်ခါ	zaga
bandeja (f)	လင်ဗန်း	lin ban:

botella (f)	ပုလင်း	palin:
tarro (m) de vidrio	ဖန်ဘူး	hpan bu:
lata (f)	သံဘူး	than bu:

abrebotellas (m)	ပုလင်းဖောက်တံ	pu. lin: bau' tan
abrelatas (m)	သံဘူးဖောက်တံ	than bu: bau' tan
sacacorchos (m)	ဝက်အူဖောက်တံ	we' u bau' dan
filtro (m)	ရေစစ်	jei zi'
filtrar (vt)	စစ်သည်	si' te

| basura (f) | အမှိုက် | ahmai' |
| cubo (m) de basura | အမှိုက်ပုံး | ahmai' poun: |

67. El baño

cuarto (m) de baño	ရေချိုးခန်း	jei gjou gan:
agua (f)	ရေ	jei
grifo (m)	ရေပိုက်ခေါင်း	jei bai' khaun:
agua (f) caliente	ရေပူ	jei bu
agua (f) fría	ရေအေး	jei ei:

pasta (f) de dientes	သွားတိုက်ဆေး	thwa: tai' hsei:
limpiarse los dientes	သွားတိုက်သည်	thwa: tai' te
cepillo (m) de dientes	သွားတိုက်တံ	thwa: tai' tan

afeitarse (vr)	ရိတ်သည်	jei' te
espuma (f) de afeitar	မုတ်ဆိတ်တို့ရိတ်သုံး	mou' hsei' jei' thoun:
	ဆပ်ပြာမြုပ်	za' pja hmjou'
maquinilla (f) de afeitar	သင်တုန်းဓား	thin toun: da:

lavar (vt)	ဆေးသည်	hsei: de
darse un baño	ရေချိုးသည်	jei gjou: de
ducha (f)	ရေပန်း	jei ban:
darse una ducha	ရေချိုးသည်	jei gjou: de

bañera (f)	ရေချိုးကန်	jei gjou: gan
inodoro (m)	အိမ်သာ	ein dha
lavabo (m)	လက်ဆေးကန်	le' hsei: kan

| jabón (m) | ဆပ်ပြာ | hsa' pja |
| jabonera (f) | ဆပ်ပြာရွက် | hsa' pja gwe' |

esponja (f)	ရေမြွုပ်	jei hmjou'
champú (m)	ခေါင်းလျှော်ရည်	gaun: sho je
toalla (f)	တဘက်	tabe'

bata (f) de baño   ရေချိုးခန်းဝတ်စုံ   jei gjou: gan: wu' soun
colada (f), lavado (m)   အဝတ်လျှော်ခြင်း   awu' sho gjin
lavadora (f)   အဝတ်လျှော်စက်   awu' sho ze'
lavar la ropa   ဒိဘီလျှော်သည်   dou bi jo de
detergente (m) en polvo   အဝတ်လျှော်ဆပ်ပြာမှုန့်   awu' sho hsa' pja hmun.

68. Los aparatos domésticos

televisor (m)   ရုပ်မြင်သံကြားစက်   jou' mjin dhan gja: ze'
magnetófono (m)   အသံသွင်းစက်   athan dhwin: za'
vídeo (m)   ဗီဒီယိုပြုစက်   bi di jou bja. ze'
radio (m)   ရေဒီယို   rei di jou
reproductor (m) (~ MP3)   ပလေယာစက်   pa. lei ja ze'

proyector (m) de vídeo   ဗီဒီယိုပရိုဂျက်တာ   bi di jou pa. jou gje' da
sistema (m) home cinema   အိမ်တွင်းရုပ်ရှင်ခန်း   ein dwin: jou' shin gan:
reproductor (m) de DVD   ဒီဗီဒီပလေယာ   di bi di ba lei ja
amplificador (m)   အသံချဲ့စက်   athan che. zek
videoconsola (f)   ဂိမ်းလလုတ်   gein: kha lou'

cámara (f) de vídeo   ဗွီဒီယိုကင်မရာ   bwi di jou kin ma. ja
cámara (f) fotográfica   ကင်မရာ   kin ma. ja
cámara (f) digital   ဒီဂျစ်တယ်ကင်မရာ   digji' te gin ma. ja

aspirador (m), aspiradora (f)   ဖုန်စုပ်စက်   hpoun zou' se'
plancha (f)   မီးပူ   mi: bu
tabla (f) de planchar   မီးပူတိုက်ရန်စင်   mi: bu tai' jan zin

teléfono (m)   တယ်လီဖုန်း   te li hpoun:
teléfono (m) móvil   မိုဘိုင်းဖုန်း   mou bain: hpoun:
máquina (f) de escribir   လက်နှိပ်စက်   le' hnei' se'
máquina (f) de coser   အပ်ချုပ်စက်   a' chou' se'

micrófono (m)   စကားပြောခွက်   zaga: bjo: gwe'
auriculares (m pl)   နားကြပ်   na: kja'
mando (m) a distancia   အဝေးထိန်းကိရိယာ   awei: htin: ki. ja. ja

CD (m)   စီဒီပြား   si di bja:
casete (m)   တိပ်ခွေ   tei' khwei
disco (m) de vinilo   ရေးခေတ်သုံးဓာတ်ပြား   shei: gi' thoun da' pja:

LAS ACTIVIDADES DE LA GENTE

El trabajo. Los negocios. Unidad 1

69. La oficina. El trabajo de oficina

oficina (f)	ရုံး	joun:
despacho (m)	ရုံးခန်း	joun: gan:
recepción (f)	ကြိုလိုလက်ခံရာနေရာ	kjou hsou le' khan ja nei ja
secretario (m)	အတွင်းရေးမှူး	atwin: jei: hmu:
secretaria (f)	အတွင်းရေးမှူးမ	atwin: jei: hmu: ma
director (m)	ဒါရိုက်တာ	da je' ta
manager (m)	မန်နေဂျာ	man nei gji
contable (m)	စာရင်းကိုင်	sajin: gain
colaborador (m)	ဝန်ထမ်း	wun dan:
muebles (m pl)	ပရိဘောဂ	pa ri. bo: ga.
escritorio (m)	စားပွဲ	sa: bwe:
silla (f)	အလုပ်ထိုင်ခုံ	alou' htain goun
cajonera (f)	အံဆွဲပါသောပ	an. zwe: dho: pa.
	ရိဘောဂအစုံ	ji. bo: ga. soun
perchero (m) de pie	ကုတ်အင်္ကျီချိတ်စင်	kou' akji gji' sin
ordenador (m)	ကွန်ပျူတာ	kun pju ta
impresora (f)	ပုံနှိပ်စက်	poun nei' se'
fax (m)	ဖက်စ်ကူးစက်	hpe's ku: ze'
fotocopiadora (f)	ဓာတ်ပုံကူးစက်	da' poun gu: ze'
papel (m)	စက္ကူ	se' ku
papelería (f)	ရုံးသုံးကိရိယာများ	joun: dhoun: gi. ji. ja mja:
alfombrilla (f) para ratón	မောက်စ်အောက်ခံပြား	mau's au' gan bja:
hoja (f) de papel	အရွက်	ajwa'
carpeta (f)	ဖိုင်	hpain
catálogo (m)	စာရင်း	sajin:
directorio (m) telefónico	ဖုန်းလမ်းညွှန်	hpoun: lan: hnjun
documentación (f)	မှတ်တမ်းတင်ခြင်း	hma' tan: din gjin:
folleto (m)	ကြော်ငြာစာစောင်	kjo nja za zaun:
prospecto (m)	လက်ကမ်းစာစောင်	le' kan: za zaun:
muestra (f)	နမူနာ	na. mu na
reunión (f) de formación	လေ့ကျင့်ရေးအစည်းအဝေး	lei. kjin. jei: asi: awei:
reunión (f)	အစည်းအဝေး	asi: awei:
pausa (f) del almuerzo	နေ့လည်စာစားချိန်	nei. le za za: gjein:
hacer una copia	မိတ္တူကူးသည်	mi' tu gu: de
hacer copias	မိတ္တူကူးသည်	mi' tu gu: de
recibir un fax	ဖက်စ်လက်ခံရရှိသည်	hpe's le' khan ja. shi. de

enviar un fax	ဖက်စ်ပို့သည်	hpe's pou. de
llamar por teléfono	ဖုန်းဆက်သည်	hpoun: ze' te
responder (vi, vt)	ဖြေသည်	hpjei de
poner en comunicación	ဆက်သွယ်သည်	hse' thwe de

fijar (~ una reunión)	စီစဉ်သည်	si zin de
demostrar (vt)	သရုပ်ပြသည်	thajou' pja. de
estar ausente	ပျက်ကွက်သည်	pje' kwe' te
ausencia (f)	ပျက်ကွက်ခြင်း	pje' kwe' chin

70. Los procesos de negocio. Unidad 1

| negocio (m), comercio (m) | လုပ်ငန်း | lou' ngan: |
| ocupación (f) | လုပ်ဆောင်မှု | lou' hsaun hmu. |

firma (f)	စီးပွားရေးလုပ်ငန်း	si: bwa: jei: lou' ngan:
compañía (f)	ကုမ္ပဏီ	koun pani
corporación (f)	ကော်ပိုရေးရှင်း	ko bou jei: shin:
empresa (f)	စီးပွားရေးလုပ်ငန်း	si: bwa: jei: lou' ngan:
agencia (f)	ကိုယ်စားလှယ်လုပ်ငန်း	kou za: hle lou' ngan:

acuerdo (m)	သ�‌�‌ဘောတူညီမှုစာချုပ်	dhabo: tu nji hmu. za gjou'
contrato (m)	ကန်ထရိုက်	kan ta jou'
trato (m), acuerdo (m)	အပေးအယူ	apei: aju
pedido (m)	ကြိုတင်မှာယူခြင်း	kjou din hma ju chin:
condición (f) del contrato	စည်းကမ်းချက်	si: kan: gje'

al por mayor (adv)	လက်ကား	le' ka:
al por mayor (adj)	လက်ကားဖြစ်သော	le' ka: bji' te.
venta (f) al por mayor	လက်ကားရောင်းချမှု	le' ka: jaun: gja. hmu.
al por menor (adj)	လက်လီစနစ်	le' li za. ni'
venta (f) al por menor	လက်လီရောင်းချမှု	le' li jaun: gja. hmu.

competidor (m)	ပြိုင်�‌ဘက်	pjain be'
competencia (f)	ပြိုင်ဆိုင်မှု	pjain zain hmu
competir (vi)	ပြိုင်ဆိုင်သည်	pjain zain de

| socio (m) | စီးပွားဖက် | si: bwa: be' |
| sociedad (f) | စီးပွားဖက်ဖြစ်ခြင်း | si: bwa: be' bji' chin: |

crisis (f)	အ‌ခက်အ‌ခဲကာလ	akhe' akhe: ga la.
bancarrota (f)	‌ဒေဝါလီခံရခြင်း	dei wa li gan ja gjin
ir a la bancarrota	‌ဒေဝါလီခံသည်	dei wa li gan de
dificultad (f)	အ‌ခက်အ‌ခဲ	akhe' akhe:
problema (m)	ပြဿနာ	pjadhana
catástrofe (f)	ကပ်‌ဘေး	ka' bei:

economía (f)	စီးပွားရေး	si: bwa: jei:
económico (adj)	စီးပွားရေးနှင့်ဆိုင်သော	si: bwa: jei: hnin zain de.
recesión (f) económica	စီးပွားရေးကျဆင်းမှု	si: bwa: jei: gja zin: hmu.

meta (f)	ပန်းတိုင်	pan: dain
objetivo (m)	လုပ်ငန်းတာဝန်	lou' ngan: da wan
comerciar (vi)	ကုန်သွယ်သည်	koun dhwe de

red (f) (~ comercial)	ကွန်ရက်	kun je'
existencias (f pl)	ပစ္စည်းစာရင်း	pji' si: za jin:
surtido (m)	အမျိုးအရာ	apain: acha:
líder (m)	ခေါင်းဆောင်	gaun: zaun
grande (empresa ~)	ကြီးမားသော	kji: ma: de.
monopolio (m)	တစ်ဦးတည်းချုပ်ကိုင်ထား	ti' u: te: gjou' kain da:
teoría (f)	သီအိုရီ	thi ou ji
práctica (f)	လက်တွေ့	le' twei.
experiencia (f)	အတွေ့အကြုံ	atwei. akjoun
tendencia (f)	ဦးတည်ရာ	u: ti ja
desarrollo (m)	ဖွံ့ဖြိုးတိုးတက်မှု	hpjun. bjou: dou: de' hmu.

<h1>71. Los procesos de negocio. Unidad 2</h1>

rentabilidad (f)	အကျိုးအမြတ်	akjou: amja'
rentable (adj)	အကျိုးအမြတ်ရှိသော	akjou: amja' shi. de.
delegación (f)	ကိုယ်စားလှယ်အဖွဲ့	kou za: hle ahpwe.
salario (m)	လစာ	la. za
corregir (un error)	အမှားပြင်သည်	ahma: pjin de
viaje (m) de negocios	စီးပွားရေးခရီးစဉ်	si: bwa: jei: khaji: zin
comisión (f)	ကော်မရှင်	ko ma. shin
controlar (vt)	ထိန်းချုပ်သည်	htein: gjou' te
conferencia (f)	ဆွေးနွေးပွဲ	hswe: nwe: bwe:
licencia (f)	လိုင်စင်	lain zin
fiable (socio ~)	ယုံကြည်စိတ်ချရသော	joun kji zei' cha. ja. de.
iniciativa (f)	စတင်ခြင်း	sa. tin gjin:
norma (f)	စံနှုန်း	san hnoun:
circunstancia (f)	အခြေအနေ	achei anei
deber (m)	တာဝန်	ta wun
empresa (f)	အဖွဲ့အစည်း	ahpwe. asi:
organización (f) (proceso)	စီစဉ်ခြင်း	si zin gjin:
organizado (adj)	စီစဉ်ထားသော	si zin dha de.
anulación (f)	ပယ်ဖျက်ခြင်း	pe hpje' chin:
anular (vt)	ပယ်ဖျက်သည်	pe hpje' te
informe (m)	အစီရင်ခံစာ	asi jin gan za
patente (m)	မူပိုင်နှင့်	mu bain gwin.
patentar (vt)	မူပိုင်ခွင့်မှတ်	mu bain gwin. hma'
	ပုံတင်သည်	poun din de
planear (vt)	စီစဉ်သည်	si zin de
premio (m)	အပိုဆုကြေး	apou zu. gjei:
profesional (adj)	ပညာရှင်အဆင့်အတက်ကျွမ်းသော	pjin nja ahsin da' kjwan: de.
procedimiento (m)	လုပ်ထုံးလုပ်နည်း	lou' htoun: lou' ne:
examinar (vt)	စဉ်းစားသည်	sin: za: de
cálculo (m)	တွက်ချက်ခြင်း	twe' che' chin:
reputación (f)	ဂုဏ်သတင်း	goun dha din:

riesgo (m)	စွန့်စားခြင်း	sun. za: gjin:
dirigir (administrar)	ညွှန်ကြားသည်	hnjun gja: de
información (f)	သတင်းအချက်အလက်	dhadin: akje' ale'
propiedad (f)	ပိုင်ဆိုင်မှု	pain zain hmu
unión (f)	အသင်း	athin:

seguro (m) de vida	အသက်အာမခံ	athe' ama. khan
asegurar (vt)	အာမခံသည်	a ma. gan de
seguro (m)	အာမခံ	a ma. khan

subasta (f)	လေလံပွဲ	lei lan bwe:
notificar (informar)	အကြောင်းကြားသည်	akjaun: kja: de
gestión (f)	အုပ်ချုပ်မှု	ou' chou' hmu.
servicio (m)	ဝန်ဆောင်မှု	wun: zaun hmu.

foro (m)	ဖိုရမ်	hpou jan
funcionar (vi)	လည်ပတ်သည်	le ba' te
etapa (f)	အဆင့်	ahsin.
jurídico (servicios ~s)	ဥပဒေဆိုင်ရာ	u. ba. dei zain ja
jurista (m)	ရှေ့နေ	shei. nei

72. La producción. Los trabajos

planta (f)	စက်ရုံ	se' joun
fábrica (f)	အလုပ်ရုံ	alou' joun
taller (m)	ဝပ်ရှော့	wu' sho.
planta (f) de producción	ထုတ်လုပ်ရာလုပ်ငန်းခွင်	htou' lou' ja lou' ngan: gwin

industria (f)	စက်မှုလုပ်ငန်း	se' hmu. lou' ngan:
industrial (adj)	စက်မှုလုပ်ငန်းနှင့်ဆိုင်သော	se' hmu. lou' ngan: hnin. zain de.
industria (f) pesada	အကြီးစားစက်မှုလုပ်ငန်း	akji: za: ze' hmu. lou' ngan:
industria (f) ligera	အသေးစားစက်မှုလုပ်ငန်း	athei: za: za' hmu. lou' ngan:

producción (f)	ထုတ်ကုန်	htou' koun
producir (vt)	ထုတ်လုပ်သည်	tou' lou' te
materias (f pl) primas	ကုန်ကြမ်း	koun gjan:

jefe (m) de brigada	အလုပ်သမားခေါင်း	alou' dha ma: gaun:
brigada (f)	အလုပ်သမားအဖွဲ့	alou' dha ma: ahpwe.
obrero (m)	အလုပ်သမား	alou' dha ma:

día (m) de trabajo	ရုံးဖွင့်ရက်	joun: hpwin je'
descanso (m)	ရပ်နားခြင်း	ja' na: gjin:
reunión (f)	အစည်းအဝေး	asi: awei:
discutir (vt)	ဆွေးနွေးသည်	hswe: nwe: de

plan (m)	အစီအစဉ်	asi asin
cumplir el plan	အကောင်အထည်ဖော်သည်	akaun ahte bo de
tasa (f) de producción	ကုန်ထုတ်နှုန်း	koun dou' hnan:
calidad (f)	အရည်အသွေး	aji athwei:
control (m)	စစ်ဆေးခြင်း	si' hsei: gjin:
control (m) de calidad	အရည်အသွေးစစ်ဆေးသုံးသပ်မှု	aji athwei: za' hsei: thon dha' hma

seguridad (f) de trabajo	လုပ်ငန်းခွင်လုံ ခြုံမှု	lou' ngan: gwin loun gjun hmu.
disciplina (f)	စည်းကမ်း	si: kan:
infracción (f)	ရှိုးဖောက်ခြင်း	chou: hpau' chin:
violar (las reglas)	ရှိုးဖောက်သည်	chou: hpau' te
huelga (f)	သပိတ်မှောက်ခြင်း	thabei' hmau' chin:
huelguista (m)	သပိတ်မှောက်သူ	thabei' hmau' thu
estar en huelga	သပိတ်မှောက်သည်	thabei' hmau' te
sindicato (m)	အလုပ်သမားသမဂ္ဂ	alou' dha ma: dha. me' ga
inventar (máquina, etc.)	တီထွင်သည်	ti htwin de
invención (f)	တီထွင်မှု	ti htwin hmu.
investigación (f)	သုတေသန	thu. tei thana
mejorar (vt)	တိုးတက်ကောင်းမွန်စေသည်	tou: te' kaun: mun zei de
tecnología (f)	နည်းပညာ	ne: bi nja
dibujo (m) técnico	နည်းပညာဆိုင်ရာပုံကြမ်း	ne bi nja zain ja boun gjan:
cargamento (m)	ဝန်	wun
cargador (m)	ကုန်ထမ်းသမား	koun din dhama:
cargar (camión, etc.)	ကုန်တင်သည်	koun din de
carga (f) (proceso)	ကုန်တင်ခြင်း	koun din gjin
descargar (vt)	ကုန်ချသည်	koun gja de
descarga (f)	ကုန်ချခြင်း	koun gja gjin:
transporte (m)	သယ်ယူပို့ဆောင်ရေး	the ju bou. zaun jei:
compañía (f) de transporte	သယ်ယူပို့ဆောင်ရေး ကုမ္ပဏီ	the ju bou. zaun jei: koun pa. ni
transportar (vt)	ပို့ဆောင်သည်	pou. zaun de
vagón (m)	တွဲ	twe:
cisterna (f)	တိုင်ကီ	tain ki
camión (m)	ကုန်တင်ကား	koun din ka:
máquina (f) herramienta	ဖြတ်စက်	hpja' se'
mecanismo (m)	စက်ကိရိယာ	se' kari. ja
desperdicios (m pl)	စက်ရှုစွန့်ပစ်ပစ္စည်း	se' joun zun bi' pji' si:
empaquetado (m)	ထုတ်ပိုးမှု	htou' pou: hmu.
empaquetar (vt)	ထုတ်ပိုးသည်	htou' pou: de

73. El contrato. El acuerdo

contrato (m)	ကန်ထရိုက်	kan ta jou'
acuerdo (m)	သဘောတူညီမှု	dhabo: tu nji hmu.
anexo (m)	ပူးတွဲ	pu: twe:
firmar un contrato	သဘောတူစာချုပ်ချုပ်သည်	dhabo: tu za gjou' gjou' te
firma (f) (nombre)	လက်မှတ်	le' hma'
firmar (vt)	လက်မှတ်ထိုးသည်	le' hma' htou: de
sello (m)	တံဆိပ်	da zei'
objeto (m) del acuerdo	သဘောတူညီမှု-အကြောင်းအရာ	dhabo: tu nji hmu. akjaun: aja
cláusula (f)	အပိုဒ်ငယ်	apai' nge

partes (f pl)	စာချုပ်ပါအဖွဲ့များ	sa gjou' pa ahpwe. mja:
domicilio (m) legal	တရားဝင်နေရပ်လိပ်စာ	taja: win nei ja' lei' sa

violar el contrato	သဘောတူညီမှု ချိုးဖောက်သည်	dhabo: tu nji hmu. gjou: bau' te
obligación (f)	အလျားသဖြင့်	a htu: dha. hjin.
responsabilidad (f)	တာဝန်ဝတ္တရား	ta wun wu' taja:
fuerza mayor (f)	မလွှန်ဆန်နိုင်သောအဖြစ်	ma. lun zan nain de. ahpji'
disputa (f)	အငြင်းအခုံ	anjin: akhoun
penalidades (f pl)	ပြစ်ဒဏ်များ	pji' dan mja:

74. Importación y exportación

importación (f)	သွင်းကုန်	thwin: goun
importador (m)	သွင်းကုန်လုပ်ငန်းရှင်	thwin: goun lou' ngan: shin
importar (vt)	တင်သွင်းသည်	tin dhwin: de
de importación (adj)	သွင်းကုန်နှင့်ဆိုင်သော	thwin: goun hnin. zain de.

exportación (f)	ပို့ကုန်	pou. goun
exportador (m)	ပို့ကုန်လုပ်ငန်းရှင်	pou. goun lou' ngan: shin
exportar (vt)	ကုန်တင်ပို့သည်	koun tin pou. de
de exportación (adj)	တင်ပို့သော	tin bou. de.

mercancía (f)	ကုန်ပစ္စည်း	koun pji' si:
lote (m) de mercancías	ပို့.ကုန်	pou. goun

peso (m)	အလေးချိန်	alei: gjein
volumen (m)	ပမာဏ	pa. ma na.
metro (m) cúbico	ကုဗမီတာ	ku. ba mi ta

productor (m)	ထုတ်လုပ်သူ	tou' lou' thu
compañía (f) de transporte	သယ်ယူပို့.ဆောင်ရေး ကုမ္ပဏီ	the ju bou. zaun jei: koun pa. ni
contenedor (m)	ကွန်တိန်နာ	kun tein na

frontera (f)	နယ်နိမိတ်	ne ni. mei'
aduana (f)	အကောက်ခွန်	akau' khun
derechos (m pl) arancelarios	အကောက်ခွန်နှုန်း	akau' khun hnoun:
aduanero (m)	အကောက်ခွန်အရာရှိ	akau' khun aja shi.
contrabandismo (m)	မှောင်ခို	hmaun gou
contrabando (m)	မှောင်ခိုပစ္စည်း	hmaun gou pji' si:

75. Las finanzas

acción (f)	စတော့ရှယ်ယာ	sato. shera
bono (m), obligación (f)	ငွေရေးစာချုပ်	ngwei gjei: za gju'
letra (f) de cambio	ငွေပေးရေးရန် ကတိစာချုပ်	ngwei bei: gjei jan ga. di. za gju'

bolsa (f)	စတော့ရှယ်ယာဒိုင်	sato. shera dain
cotización (f) de valores	စတော့ဈေးနှုန်း	sato. zei: hnoun:
abaratarse (vr)	ဈေးနှုန်းကျဆင်းသည်	zei: hnan: gja. zin: de

encarecerse (vr)	ဈေးနှုန်းတက်သည်	zei: hnan: de' de
parte (f)	ရှယ်ယာ	she ja
interés (m) mayoritario	ရှယ်ယာအများစုကို ပိုင်ဆိုင်ခြင်း	she ja amja: zu. gou bain zain gjin:
inversiones (f pl)	ရင်းနှီးမြှုပ်နှံမှု	jin: hni: hmjou' hnan hmu.
invertir (vi, vt)	ရင်းနှီးမြှုပ်နှံသည်	jin: hni: hmjou' hnan de
porcentaje (m)	ရာခိုင်နှန်း	ja gain hnan:
interés (m)	အတိုး	atou:
beneficio (m)	အမြတ်	amja'
beneficioso (adj)	အမြတ်ရသော	amja' ja de.
impuesto (m)	အခွန်	akhun
divisa (f)	ငွေကြေး	ngwei kjei:
nacional (adj)	အမျိုးသားနှင့်ဆိုင်သော	amjou: dha: hnin. zain de.
cambio (m)	လဲလှယ်ခြင်း	le: hle gjin:
contable (m)	စာရင်းကိုင်	sajin: gain
contaduría (f)	စာရင်းကိုင်လုပ်ငန်း	sajin: gain lou' ngan:
bancarrota (f)	ဒေဝါလီခံရခြင်း	dei wa li gan ja gjin
quiebra (f)	ရုပ်တရွတ်စီးပွါးရေး ထိုးကျချင်း	jou' ta ja' si: bwa: jei: dou: gja. gjin:
ruina (f)	ကြီးစွာသောအပျက်အစီး	kji: zwa dho apje' asi:
arruinarse (vr)	ပျက်စီးဆုံးရှုံးသည်	pje' si: zoun: shoun: de
inflación (f)	ငွေကြေးဖောင်းပွခြင်း	ngwei kjei: baun: bwa. gjin:
devaluación (f)	ငွေကြေးတန်ဖိုးချခြင်း	ngwei kjei: dan bou: gja gjin:
capital (m)	အရင်းအနှီးငွေ	ajin: ani: ngwei
ingresos (m pl)	ဝင်ငွေ	win ngwei
volumen (m) de negocio	အနှတ်အသိမ်း	anou' athin:
recursos (m pl)	အရင်းအမြစ်များ	ajin: amja' mja:
recursos (m pl) monetarios	ငွေကြေးအရင်းအမြစ်များ	ngwei kjei: ajin: amji' mja:
gastos (m pl) accesorios	အထွေထွေအသုံးစရိတ်	a htwei htwei athoun: za. jei'
reducir (vt)	လျှော့ချသည်	sho. cha. de

76. La mercadotecnia

mercadotecnia (f)	ဈေးကွက်ရှာဖွေရေး	zei: gwe' sha bwei jei:
mercado (m)	ဈေးကွက်	zei: gwe'
segmento (m) del mercado	ဈေးကွက်အစိတ်အပိုင်း	zei: gwe' asei' apain:
producto (m)	ထုတ်ကုန်	htou' koun
mercancía (f)	ကုန်ပစ္စည်း	koun pji' si:
marca (f)	အမှတ်တံဆိပ်	ahma' tan zin
marca (f) comercial	ကုန်အမှတ်တံဆိပ်	koun ahma' tan hsi'
logotipo (m)	မှိုင်းအမှတ်တံဆိပ်	mu bain ahma' dan zei'
logo (m)	တံဆိပ်	da zei'
demanda (f)	တောင်းဆိုချက်	taun: hsou che'
oferta (f)	ထောက်ပံ့ခြင်း	htau' pan. gjin:
necesidad (f)	လိုအပ်မှု	lou a' hmu.

consumidor (m)	သုံးစွဲသူ	thoun: zwe: dhu
análisis (m)	ရှိုင်းစိတ်ဖြာခြင်း	khwe: gjan: zei' hpa gjin:
analizar (vt)	ရှိုင်းစိတ်ဖြာသည်	khwe: gjan: zei' hpa de
posicionamiento (m)	နေရာချခြင်း	nei ja hja gjin:
posicionar (vt)	နေရာရှာသည်	nei ja sha de

precio (m)	ဈေးနှုန်း	zei: hnan:
política (f) de precios	ဈေးနှုန်းမူဝါဒ	zei: hnan: m wada.
formación (f) de precios	ဈေးနှုန်းဖြစ်တည်ခြင်း	zei: hnan: bji' te gjin:

77. La publicidad

publicidad (f)	ကြော်ငြာ	kjo nja
publicitar (vt)	ကြော်ငြာသည်	kjo nja de
presupuesto (m)	ဘတ်ဂျက်	ba' gje'

anuncio (m) publicitario	ခန့်မှန်းခြေရ သုံးငွေစာရင်း	khan hman: gjei ja. dhu: ngwei za jin:
publicidad (f) televisiva	တီဗီကြော်ငြာ	ti bi gjo nja
publicidad (f) radiofónica	ရေဒီယိုကြော်ငြာ	rei di jou gjo nja
publicidad (f) exterior	ပြင်ပကြော်ငြာ	pjin ba. gjo nja

medios (m pl) de comunicación de masas	လူထုဆက်သွယ်ရေး	lu du. ze' thwe jei:
periódico (m)	ပုံနှိပ်ထုတ်မဂ္ဂဇင်း	poun hmein dou' ma' ga. zin:
imagen (f)	ပုံရိပ်	poun jei'

| consigna (f) | ကြွေးကြော်သံ | kjwei: kjo dhan |
| divisa (f) | ဆောင်ပုဒ် | hsaun bou' |

campaña (f)	အစီအစဉ်	asi asin
campaña (f) publicitaria	ကြော်ငြာအစီအစဉ်	kjo nja a si asin
auditorio (m) objetivo	ပစ်မှတ်အုပ်စု	pi' hma' ou'zu.

tarjeta (f) de visita	လုပ်ငန်းသုံးလိပ်စာကဒ်ပြား	lou' ngan: loun: lei' sa ka' pja:
prospecto (m)	လက်ကမ်းစာစောင်	le' kan: za zaun:
folleto (m)	ကြော်ငြာစာအုပ်ငယ်	kjo nja za ou' nge
panfleto (m)	လက်ကမ်းစာစောင်	le' kan: za zaun:
boletín (m)	သတင်းလွှာ	dhadin: hlwa

letrero (m) (~ luminoso)	ဆိုင်းဘုတ်	hsain: bou'
pancarta (f)	ပိုစတာ	pou sata
valla (f) publicitaria	ကြော်ငြာဆိုင်းဘုတ်	kjo nja zain: bou'

78. La banca

| banco (m) | ဘဏ် | ban |
| sucursal (f) | ဘဏ်ခွဲ | ban gwe: |

consultor (m)	အတိုင်ပင်ခံပုဂ္ဂိုလ်	atain bin gan bou' gou
gerente (m)	မန်နေဂျာ	man nei gji
cuenta (f)	ဘဏ်ငွေစာရင်း	ban ngwei za jin

numero (m) de la cuenta	ဘဏ်စာရင်းနံပါတ်	ban zajin: nan. ba'
cuenta (f) corriente	ဘဏ်စာရင်းရှင်	ban zajin: shin
cuenta (f) de ahorros	ဘဏ်ငွေစုစာရင်း	ban ngwei zu. za jin

abrir una cuenta	ဘဏ်စာရင်းဖွင့်သည်	ban zajin: hpwin. de
cerrar la cuenta	ဘဏ်စာရင်းပိတ်သည်	ban zajin: bi' te
ingresar en la cuenta	ငွေသွင်းသည်	ngwei dhwin: de
sacar de la cuenta	ငွေထုတ်သည်	ngwei dou' te

depósito (m)	အပ်ငွေ	a' ngwei
hacer un depósito	ငွေအပ်သည်	ngwei a' te
giro (m) bancario	ကြေးနန်းဖြင့်ငွေလွှဲခြင်း	kjei: nan: bjin. ngwe hlwe: gjin
hacer un giro	ကြေးနန်းဖြင့်ငွေလွှဲသည်	kjei: nan: bjin. ngwe hlwe: de

suma (f)	ပေါင်းလဒ်	paun: la'
¿Cuánto?	ဘယ်လောက်လဲ	be lau' le:

firma (f) (nombre)	လက်မှတ်	le' hma'
firmar (vt)	လက်မှတ်ထိုးသည်	le' hma' htou: de

tarjeta (f) de crédito	အကြွေးဝယ်ကဒ်-ခရက်ဒစ်ကဒ်	achwei: we ka' - ka' je' da' ka'
código (m)	ကုဒ်နံပါတ်	kou' nan ba'
número (m) de tarjeta de crédito	ခရက်ဒစ်ကဒ်နံပါတ်	kha. je' di' ka' nan ba'
cajero (m) automático	အလိုအလျောက်ငွေထုတ်စက်	alou aljau' ngwei htou' se'

cheque (m)	ချက်လက်မှတ်	che' le' hma'
sacar un cheque	ချက်ရေးသည်	che' jei: de
talonario (m)	ချက်စာအုပ်	che' sa ou'

crédito (m)	ချေးငွေ	chei: ngwei
pedir el crédito	ချေးငွေလျှောက်လွှာတင်သည်	chei: ngwei shau' hlwa din de
obtener un crédito	ချေးငွေရယူသည်	chei: ngwei ja. ju de
conceder un crédito	ချေးငွေထုတ်ပေးသည်	chei: ngwei htou' pei: de
garantía (f)	အာမခံပစ္စည်း	a ma. gan bji' si:

79. El teléfono. Las conversaciones telefónicas

teléfono (m)	တယ်လီဖုန်း	te li hpoun:
teléfono (m) móvil	မိုဘိုင်းဖုန်း	mou bain: hpoun:
contestador (m)	ဖုန်းထူစက်	hpoun: du: ze'

llamar, telefonear	ဖုန်းဆက်သည်	hpoun: ze' te
llamada (f)	အဝင်ဖုန်း	awin hpun:

marcar un número	နံပါတ် နှိပ်သည်	nan ba' hnei' te
¿Sí?, ¿Dígame?	ဟာလို	ha. lou
preguntar (vt)	မေးသည်	mei: de
responder (vi, vt)	ဖြေသည်	hpjei de

oír (vt)	ကြားသည်	ka: de
bien (adv)	ကောင်းကောင်း	kaun: gaun:
mal (adv)	အရမ်းမကောင်း	ajan: ma. gaun:

ruidos (m pl)	ဖြတ်ဝင်သည့်လှုသံသံ	hpja' win dhi. zu njan dhan
auricular (m)	တယ်လီဖုန်းနားကြပ်ပိုင်း	te li hpoun: na: gja' pain:
descolgar (el teléfono)	ဖုန်းကောက်ကိုင်သည်	hpoun: gau' gain de
colgar el auricular	ဖုန်းချသည်	hpoun: gja de

ocupado (adj)	လိုင်းမအားသော	lain: ma. a: de.
sonar (teléfono)	မြည်သည်	mji de
guía (f) de teléfonos	တယ်လီဖုန်းလမ်းညွှန်စာအုပ်	te li hpoun: lan: hnjun za ou'

local (adj)	ပြည်တွင်း၊ဒေသတွင်းဖြစ်သော	pji dwin: dei. dha dwin: bji' te.
llamada (f) local	ပြည်တွင်းခေါ် ဆိုမှု	pji dwin: go zou hmu
de larga distancia	အဝေးခေါ် ဆိုနိုင်သော	awei: go zou nain de.
llamada (f) de larga distancia	အဝေးခေါ် ဆိုမှု	awei: go zou hmu.
internacional (adj)	အပြည်ပြည်ဆိုင်ရာဖြစ်သော	apji pji zain ja bja' de.
llamada (f) internacional	အပြည်ပြည်ဆိုင်ရာခေါ် ဆိုမှု	apji pji zain ja go: zou hmu

80. El teléfono celular

teléfono (m) móvil	မိုဘိုင်းဖုန်	mou bain: hpoun:
pantalla (f)	ပြသရြင်း	pja. dha. gjin:
botón (m)	ခလုတ်	khalou'
tarjeta SIM (f)	ဆင်းကဒ်	hsin: ka'

pila (f)	ဘတ်ထရီ	ba' hta ji
descargarse (vr)	ဖုန်းအားကုန်သည်	hpoun: a: goun: de
cargador (m)	အားသွင်းကြိုး	a: dhwin: gjou:

menú (m)	အစားအသောက်စာရင်း	asa: athau' sa jin:
preferencias (f pl)	ရှိန်ညှိခြင်း	chein hnji. chin:
melodía (f)	တီးလုံး	ti: loun:
seleccionar (vt)	ရွေးချယ်သည်	jwei: che de

calculadora (f)	ဂဏန်းပေါင်းစက်	ganan: baun: za'
contestador (m)	အသံမေးလ်	athan mei:l
despertador (m)	နိူးစက်	hnou: ze'
contactos (m pl)	ဖုန်းအဆက်အသွယ်များ	hpoun: ase' athwe mja:

mensaje (m) de texto	မက်ဆေ့ရ်ရ်	me' zei. gja
abonado (m)	အသုံးပြုသူ	athoun: bju. dhu

81. Los artículos de escritorio. La papelería

bolígrafo (m)	ဘောပင်	bo pin
pluma (f) estilográfica	ဖောင်တိန်	hpaun din

lápiz (m)	ခဲတံ	khe: dan
marcador (m)	အရောင်တောက်မင်တံ	ajaun dau' min dan
rotulador (m)	ရေဆေးစုတ်တံ	jei zei: zou' tan

bloc (m) de notas	မှတ်စုစာအုပ်	hma' su. za ou'
agenda (f)	နေ့စဉ်မှတ်တမ်းစာအုပ်	nei. zin hma' tan: za ou'
regla (f)	ပေတံ	pei dan

calculadora (f)	ဂဏန်းပေါင်းစက်	ganan: baun: za'
goma (f) de borrar	ခဲဖျက်	khe: bje'
chincheta (f)	ထိပ်ပြားကြီးသံမှို	htei' pja: gji: dhan hmou
clip (m)	တွယ်ချိတ်	twe gjei'
cola (f), pegamento (m)	ကော်	ko
grapadora (f)	စတော့ပလာ	sate' pa. la
perforador (m)	အပေါက်ဖောက်စက်	apau' hpau' se'
sacapuntas (m)	ခဲချွန်စက်	khe: chun ze'

82. Tipos de negocios

contabilidad (f)	စာရင်းကိုင်ဝန်ဆောင်မှု	sajin: gain wun zaun hmu.
publicidad (f)	ကြော်ငြာ	kjo nja
agencia (f) de publicidad	ကြော်ငြာလုပ်ငန်း	kjo nja lou' ngan:
climatizadores (m pl)	လေအေးစက်	lei ei: ze'
compañía (f) aérea	လေကြောင်း	lei gjaun:
bebidas (f pl) alcohólicas	အရက်သေစာ	aje' dhei za
antigüedad (f)	ရှေးဟောင်းပစ္စည်း	shei: haun: bji' si:
galería (f) de arte	အနုပညာပြခန်း	anu. pjin ja pja. gan:
servicios (m pl) de auditoría	စာရင်းစစ်ဆေးခြင်း	sajin: zi' hsei: gjin:
negocio (m) bancario	ဘဏ်လုပ်ငန်း	ban lou' ngan:
bar (m)	ဘား	ba:
salón (m) de belleza	အလှပြင်ဆိုင်	ahla. bjin zain:
librería (f)	စာအုပ်ဆိုင်	sa ou' hsain
fábrica (f) de cerveza	ဘီယာချက်စက်ရုံ	bi ja gje' se' joun
centro (m) de negocios	စီးပွားရေးလုပ်ငန်းစင်တာ	si: bwa: jei: lou' ngan: zin da
escuela (f) de negocios	စီးပွားရေးကျောင်း	si: bwa: jei: gjaun:
casino (m)	လောင်းကစားရုံ	laun: gaza: joun
construcción (f)	ဆောက်လုပ်ရေးလုပ်ငန်း	hsau' lou' jei: lou' ngan:
consultoría (f)	လူနာစမ်းသပ်ခန်း	lu na zan: dha' khan:
estomatología (f)	သွားဆေးခန်း	thwa: hsei: gan:
diseño (m)	ဒီဇိုင်း	di zain:
farmacia (f)	ဆေးဆိုင်	hsei: zain
tintorería (f)	အဝတ်အခြောက်လျှော်လုပ်ငန်း	awu' achou' hlo: lou' ngan:
agencia (f) de empleo	အလုပ်အကိုင်ရှာဖွေရေးလုပ်ငန်း	alou' akain sha hpwei jei: lou' ngan:
servicios (m pl) financieros	ငွေကြေးဝန်ဆောင်မှုလုပ်ငန်း	ngwei kjei: wun zaun hmu lou' ngan:
productos alimenticios	စားသုံးကုန်များ	sa: dhoun: goun mja:
funeraria (f)	အသုဘဝန်ဆောင်မှုလုပ်ငန်း	athu. ba. wun zaun hmu. lou' ngan:
muebles (m pl)	ပရိဘောဂ	pa ri. bo: ga.
ropa (f)	အဝတ်အစား	awu' aza:
hotel (m)	ဟိုတယ်	hou te
helado (m)	ရေခဲမုန့်	jei ge: moun.
industria (f)	စက်မှုလုပ်ငန်း	se' hmu. lou' ngan:
seguro (m)	အာမခံလုပ်ငန်း	a ma. khan lou' ngan:

internet (m), red (f)	အင်တာနက်	in ta na'
inversiones (f pl)	ရင်းနှီးမြှုပ်နှံမှု	jin: hni: hmjou' hnan hmu.
joyero (m)	လက်ဝတ်ရတနာကုန်သည်	le' wa' ja. da. na goun de
joyería (f)	လက်ဝတ်ရတနာ	le' wa' ja. da. na
lavandería (f)	ဓိုဘီလုပ်ငန်း	dou bi lou' ngan:
asesoría (f) jurídica	ဥပဒေအကြံပေး	u. ba. dei akjan bei:
industria (f) ligera	အသေးစားစက်မှုလုပ်ငန်း	athei: za: za' hmu. lou' ngan:
revista (f)	မဂ္ဂဇင်းစာစောင်	ma' ga. zin: za zaun
venta (f) por catálogo	အော်ဒါကိုစာတိုက်မှ ဝိုဓာင်ခြင်း	o da ko sa dai' hma. bou. hsaun gjin:
medicina (f)	ဆေးပညာ	hsei: pjin nja
cine (m) (iremos al ~)	ရုပ်ရှင်ရုံ	jou' shin joun
museo (m)	ပြတိုက်	pja. dai'
agencia (f) de información	သတင်းဌာန	dhadin: hta. na.
periódico (m)	သတင်းစာ	dhadin: za
club (m) nocturno	နိုက်ကလပ်	nai' ka. la'
petróleo (m)	ရေနံ	jei nan
servicio (m) de entrega	ပစ္စည်းဝိုဓာင်ရေးလုပ်ငန်း	pji' si: bou. zain jei: lou' ngan:
industria (f) farmacéutica	လူသားဆေးဝါး လုပ်ငန်း	lu dhoun: zei: wa: lou' ngan:
poligrafía (f)	ပုံနှိပ်ခြင်း	poun nei' chin:
editorial (f)	ပုံနှိပ်ထုတ်ဝေ သည့်ကုမ္ပဏီ	poun nei' htou' wei dhi. koun pani
radio (f)	ရေဒီယို	rei di jou
inmueble (m)	အိမ်ခြံမြေလုပ်ငန်း	ein gjan mjei lu' ngan:
restaurante (m)	စားသောက်ဆိုင်	sa: thau' hsain
agencia (f) de seguridad	လုံခြုံရေးအကျိုး ဆောင်ကုမ္ပဏီ	loun gjoun jei: akjou: zaun koun pa. ni
deporte (m)	အားကစား	a: gaza:
bolsa (f) de comercio	စတော့ရောင်းဝယ်ရေးဌာန	sato. jaun: we jei: hta. na.
tienda (f)	ဆိုင်	hsain
supermercado (m)	ကုန်တိုက်ကြီး	koun dou' kji:
piscina (f)	ရေကူးကန်	jei ku: gan
taller (m)	အင်ချုပ်လုပ်ငန်း	a' chou' lu' ngan:
televisión (f)	ရုပ်မြင်သံကြား	jou' mjin dhan gja:
teatro (m)	ကဇာတ်ရုံ	ka. za' joun
comercio (m)	ကုန်သွယ်ရေး	koun dhwe jei:
servicios de transporte	သယ်ယူပို့ဓာင်ရေး လုပ်ငန်း	the ju bou. zaun jei: lou' ngan:
turismo (m)	ခရီးသွားလုပ်ငန်း	khaji: thwa: lou' ngan:
veterinario (m)	တိရစ္ဆာန်ကုဆရာဝန်	tharei' hsan gu. zaja wun
almacén (m)	ကုန်လှောင်ရုံ	koun hlaun joun
recojo (m) de basura	စွန့်ပစ်ပစ္စည်းစုဆောင်းခြင်း	sun. bi' pji' si: zu zaun: ghin:

El trabajo. Los negocios. Unidad 2

Español	Birmano	Transliteración
exposición, feria (f)	ပြပွဲ	pja. bwe:
feria (f) comercial	ကုန်စည်ပြပွဲ	koun zi pja pwe
participación (f)	ပါဝင်ဆင်နွှဲမှု	pa win zhin hnwe: hmu.
participar (vi)	ပါဝင်ဆင်နွှဲသည်	pa win zin hnwe: de
participante (m)	ပါဝင်ဆင်နွှဲသူ	pa win zhin hnwe: dhu
director (m)	ဒါရိုက်တာ	da je' ta
dirección (f)	ဦးစီးဦးဆောင်သူအဖွဲ့	u: zi: u: zaun dhu ahpwe:
organizador (m)	စီစဉ်သူ	si zin dhu
organizar (vt)	စီစဉ်သည်	si zin de
solicitud (f) de participación	ပါဝင်ရန်ဖြည့်စွက်ရ သောပုံစံ	pa win jan bje zwe' ja. dho: boun zan
rellenar (vt)	ဖြည့်သည်	hpjei. de
detalles (m pl)	အသေးစိတ်အချက်အလက်များ	athei zi' ache' ala' mja:
información (f)	သတင်းအချက်အလက်	dhadin: akje' ale'
precio (m)	ဈေးနှုန်း	zei: hnan:
incluso	အပါအဝင်	apa awin
incluir (vt)	ပါဝင်သည်	pa win de
pagar (vi, vt)	ပေးရွေချသည်	pei: gjei de
cuota (f) de registro	မှတ်ပုံတင်ခ	hma' poun din ga.
entrada (f)	ဝင်ပေါက်	win bau'
pabellón (m)	ပြခန်းယာယီအဆောက်အအုံ	pja. gan: ja ji ahsau' aoun
registrar (vt)	စာရင်းသွင်းသည်	sajin: dhwin: de
tarjeta (f) de identificación	တံဆိပ်	da zei'
stand (m) de feria	ပြပွဲစင်	pja. bwe: zin
reservar (vt)	ကြိုတင်မှာသည်	kjou tin hma de
vitrina (f)	ပစ္စည်းပြရန်မှန်�‌ဘောင်	pji' si: bja. jan hman baun
lámpara (f)	မီးမောင်း	mi: maun:
diseño (m)	ဒီဇိုင်း	di zain:
poner (colocar)	နေရာချသည်	nei ja gja de
situarse (vr)	တည်ရှိသည်	ti shi. de
distribuidor (m)	ဖြန့်ဝေသူ	hpjan. wei dhu
proveedor (m)	ပေးသွင်းသူ	pei: dhwin: dhu
suministrar (vt)	ပေးသွင်းသည်	pei: dhwin: de
país (m)	နိုင်ငံ	nain ngan
extranjero (adj)	နိုင်ငံခြားနှင့်ဆိုင်သော	nain ngan gja: hnin. zain de.
producto (m)	ထုတ်ကုန်	htou' koun
asociación (f)	အဖွဲ့အစည်း	ahpwe. asi:

sala (f) de conferencias	ဟွေးနွေးပွဲခန်းမ	hswe: nwe: bwe: gan: ma.
congreso (m)	ညီလာခံ	nji la gan
concurso (m)	ပြိုင်ပွဲ	pjain bwe:

visitante (m)	ဧည့်သည်	e. dhe
visitar (vt)	လာရောက်လေ့လာသည်	la jau' lei. la de
cliente (m)	ဖောက်သည်	hpau' te

84. La ciencia. La investigación. Los científicos

ciencia (f)	သိပ္ပံပညာ	thei' pan pin nja
científico (adj)	သိပ္ပံပညာဆိုင်ရာ	thei' pan pin nja zein ja
científico (m)	သိပ္ပံပညာရှင်	thei' pan pin nja shin
teoría (f)	သီအိုရီ	thi ou ji

axioma (m)	နဂိုမှန်အဆို	na. gou hman ahsou
análisis (m)	ခွဲခြမ်းစိတ်ဖြာခြင်း	khwe: gjan: zei' hpa gjin:
analizar (vt)	ခွဲခြမ်းစိတ်ဖြာသည်	khwe: gjan: zei' hpa de
argumento (m)	အကြောင်းပြချက်	akjaun: pja. gje'
sustancia (f) (materia)	အထည်	a hte

hipótesis (f)	အခြေခံသဘောတရားအယူအဆ	achei khan dha. bo da. ja: aju ahsa.
dilema (m)	အကျပ်ရိုက်ခြင်း	akja' shi' chin:
tesis (f) de grado	သုတေသနစာတမ်း	thu. tei thana za dan:
dogma (m)	တရားသေလုက်ခံထားသောဝါဒ	taja: dhei le' khan da: dho: wa da

doctrina (f)	ဩဝါဒ	thja. wa da.
investigación (f)	သုတေသန	thu. tei thana
investigar (vt)	သုတေသနပြုသည်	thu. tei thana bjou de
prueba (f)	စမ်းသပ်ခြင်း	san: dha' chin:
laboratorio (m)	လက်တွေ့ခန်း	le' twei. gan:

método (m)	နည်းလမ်း	ne: lan:
molécula (f)	မော်လီကျူး	mo li gju:
seguimiento (m)	စောင့်ကြည့်စစ်ဆေးခြင်း	saun. gji. zi' hsei: gjin:
descubrimiento (m)	ရှာဖွေတွေ့ရှိမှု	sha hpwei dwei. shi. hmu.

postulado (m)	လက်ခံထားသည့်အဆို	le' khan da: dhe. ahsou
principio (m)	အခြေခံသဘောတရား	achei khan dha. bo da. ja:
pronóstico (m)	ကြိုတင်ခန့်မှန်းချက်	kjou din khan hman: gje'
pronosticar (vt)	ကြိုတင်ခန့်မှန်းသည်	kjou din khan hman: de

síntesis (f)	သမ္မာရ	than ba ra.
tendencia (f)	ဦးတည်ရာ	u: ti ja
teorema (m)	သီအိုရမ်	thi ou jan

enseñanzas (f pl)	သင်ကြားချက်	thin kja: gje'
hecho (m)	အချက်အလက်	ache' ale'
expedición (f)	စူးစမ်းလေ့လာရေးခရီး	su: zan: lei. la nei: khaji:
experimento (m)	စမ်းသပ်လုပ်ဆောင်ချက်	san: dha' lou' hsaun gje'
académico (m)	အကယ်ဒမီသိပ္ပံပညာရှင်	ake da ni dhan pa' pjin shin
bachiller (m)	တက္ကသိုလ်ပထမဘွဲ့	te' kathou pahtama. bwe.

doctorado (m)	ပါရဂူဘွဲ့	pa ja gu bwe.
docente (m)	လက်ထောက်ပါမောက္ခ	le' htau' pa mau' kha.
Master (m) (~ en Letras)	မဟာဘွဲ့	maha bwe.
profesor (m)	ပါမောက္ခ	pamau' kha

Las profesiones y los oficios

85. La búsqueda de trabajo. El despido

trabajo (m)	အလုပ်	alou'
empleados (pl)	ဝန်ထမ်းအင်အား	wun dan: in a:
personal (m)	အမှုထမ်း	ahmu. htan:
carrera (f)	သက်မွေးမှုလုပ်ငန်း	the' hmei: hmu. lou' ngan:
perspectiva (f)	တက်လမ်း	te' lan:
maestría (f)	ကျွမ်းကျင်မှု	kjwan: gjin hmu.
selección (f)	လက်ရွေးစင်	le' jwei: zin
agencia (f) de empleo	အလုပ်အကိုင်ရှာဖွေရေး- အကျိုးဆောင်လုပ်ငန်း	alou' akain sha hpei jei: akjou: zaun lou' ngan:
curriculum vitae (m)	ပညာရည်မှတ်တမ်းအကျဉ်း	pjin nja je hma' tan: akjin:
entrevista (f)	အလုပ်အင်တာဗျူး	alou' in da bju:
vacancia (f)	အလုပ်လစ်လပ်နေရာ	alou' li' la' nei ja
salario (m)	လစာ	la. za
salario (m) fijo	ပုံသေလစာ	poun dhei la. za
remuneración (f)	ပေးချေသည့်ငွေ	pei: gjei de. ngwei
puesto (m) (trabajo)	ရာထူး	ja du:
deber (m)	တာဝန်	ta wun
gama (f) de deberes	တာဝန်များ	ta wun mja:
ocupado (adj)	အလုပ်များသော	alou' mja: de.
despedir (vt)	အလုပ်ထုတ်သည်	alou' htou' de
despido (m)	ထုတ်ပယ်ခြင်း	htou' pe gjin:
desempleo (m)	အလုပ်လက်မဲ့ဦးရေ	alou' le' me. u: jei
desempleado (m)	အလုပ်လက်မဲ့	alou' le' me.
jubilación (f)	အငြိမ်းစားလစာ	anjein: za: la. za
jubilarse	အငြိမ်းစားယူသည်	anjein: za: ju dhe

86. Los negociantes

director (m)	ညွှန်ကြားရေးမှူး	hnjun gja: jei: hmu:
gerente (m)	မန်နေဂျာ	man nei gji
jefe (m)	အကြီးအကဲ	akji: ake:
superior (m)	အထက်လူကြီး	a hte' lu gji:
superiores (m pl)	အထက်လူကြီးများ	a hte' lu gji: mja:
presidente (m)	ဥက္ကဌ	ou' kahta
presidente (m) (de compañía)	ဥက္ကဌ	ou' kahta.
adjunto (m)	ဒုတိယ	du. di. ja.
asistente (m)	လက်ထောက်	le' htau'

secretario, -a (m, f)	အတွင်းရေးမှူး	atwin: jei: hmu:
secretario (m) particular	ကိုယ်ရေးအရာရှိ	kou jei: aja shi.
hombre (m) de negocios	စီးပွားရေးလုပ်ငန်းရှင်	si: bwa: jei: lou' ngan: shin
emprendedor (m)	စီးပွားရေးလုပ်ငန်းရှင်	si: bwa: jei: lou' ngan: shin
fundador (m)	တည်ထောင်သူ	ti daun dhu
fundar (vt)	တည်ထောင်သည်	ti daun de
institutor (m)	ဖွဲ့စည်းသူ	hpwe. zi: dhu
socio (m)	အကျိုးတူလုပ်ဖော်ကိုင်ဘက်	akjou: du lou' hpo kain be'
accionista (m)	အစုရှင်	asu. shin
millonario (m)	သန်းကြွယ်သူဌေး	than: gjwe dhu dei:
multimillonario (m)	ဘီလျံနာသူဌေး	bi ljan na dhu dei:
propietario (m)	ပိုင်ရှင်	pain shin
terrateniente (m)	မြေပိုင်ရှင်	mjei bain shin
cliente (m)	ဖောက်သည်	hpau' te
cliente (m) habitual	အမြဲတမ်းဖောက်သည်	amje: dan: zau' te
comprador (m)	ဝယ်သူ	we dhu
visitante (m)	ည်သည်	e. dhe
profesional (m)	ကျွမ်းကျင်သူ	kjwan: gjin dhu
experto (m)	ကျွမ်းကျင်ပညာရှင်	kjwan: gjin bi nja shin
especialista (m)	အထူးကျွမ်းကျင်သူ	a htu: kjwan: gjin dhu
banquero (m)	ဘဏ်လုပ်ငန်းရှင်	ban lou' ngan: shin
broker (m)	စီးပွါးရေးအကျိုးဆောင်	si: bwa: jei: akjou: zaun
cajero (m)	ငွေကိုင်	ngwei gain
contable (m)	စာရင်းကိုင်	sajin: gain
guardia (m) de seguridad	အစောင့်	asaun.
inversionista (m)	ရင်းနှီးမြှုပ်နှံသူ	jin: hni: hmjou' hnan dhu
deudor (m)	မြီစား	mji za:
acreedor (m)	ကြွေးရှင်	kjwei: shin
prestatario (m)	ရေးသူ	chei: dhu
importador (m)	သွင်းကုန်လုပ်ငန်းရှင်	thwin: goun lou' ngan: shin
exportador (m)	ပို့ကုန်လုပ်ငန်းရှင်	pou. goun lou' ngan: shin
productor (m)	ထုတ်လုပ်သူ	tou' lou' thu
distribuidor (m)	ဖြန့်ဝေသူ	hpjan. wei dhu
intermediario (m)	တစ်ဆင့်ခံရောင်းသူ	ti' hsin. gan jaun: dhu
asesor (m) (~ fiscal)	အတိုင်ပင်ခံပုဂ္ဂိုလ်	atain bin gan bou' gou
representante (m)	ကိုယ်စားလှယ်	kou za: hle
agente (m)	ကိုယ်စားလှယ်	kou za: hle
agente (m) de seguros	အာမခံကိုယ်စားလှယ်	a ma. khan gou za: hle

87. Los trabajos de servicio

cocinero (m)	စားဖိုမှူး	sa: hpou hmu:
jefe (m) de cocina	စားဖိုမှူးကြီး	sa: hpou hmu: gji:

panadero (m)	ပေါင်မုန့်ဖုတ်သူ	paun moun. bou' dhu
barman (m)	အရက်ဘားဝန်ထမ်း	aje' ba: wun dan:
camarero (m)	စားပွဲထိုး	sa: bwe: dou:
camarera (f)	စားပွဲထိုးမိန်းကလေး	sa: bwe: dou: mein: ga. lei:

abogado (m)	ရှေ့နေ	shei. nei
jurista (m)	ရှေ့နေ	shei. nei
notario (m)	ရှေ့နေ	shei. nei

electricista (m)	လျှပ်စစ်ပညာရှင်	hlja' si' pa. nja shin
fontanero (m)	ပိုက်ပြင်သူ	pai' bjin dhu
carpintero (m)	လက်သမား	le' tha ma:

masajista (m)	အနှိပ်သမား	anei' thama:
masajista (f)	အနှိပ်သမ	anei' thama.
médico (m)	ဆရာဝန်	hsa ja wun

taxista (m)	တက္ကစီမောင်းသူ	te' kasi maun: dhu
chofer (m)	ယာဉ်မောင်း	jin maun:
repartidor (m)	ပစ္စည်းပို့သူ	pji' si: bou. dhu

camarera (f)	ဟိုတယ်သန့်ရှင်းရေးဝန်ထမ်း	hou te than. shin wun dam:
guardia (m) de seguridad	အစောင့်	asaun.
azafata (f)	လေယာဉ်မယ်	lei jan me

profesor (m) (~ de baile, etc.)	ဆရာ	hsa ja
bibliotecario (m)	စာကြည့်တိုက်ဝန်ထမ်း	sa gji. dai' wun dan:
traductor (m)	ဘာသာပြန်	ba dha bjan
intérprete (m)	စကားပြန်	zaga: bjan
guía (m)	လမ်းညွှန်	lan: hnjun

peluquero (m)	ဆံသဆရာ	hsan dha. zaja
cartero (m)	စာပို့သမား	sa bou. dhama:
vendedor (m)	ဆိုင်အရောင်းဝန်ထမ်း	hsain ajaun: wun dan:

jardinero (m)	ဥယျာဉ်မှူး	u. jin hmu:
servidor (m)	အိမ်စေအမှုထမ်း	ein zei ahmu. dan:
criada (f)	အိမ်စေအမျိုးသမီး	ein zei amjou: dhami
mujer (f) de la limpieza	သန့်ရှင်းရေးသမ	than. shin: jei: dhama.

88. La profesión militar y los rangos

soldado (m) raso	တပ်သား	ta' tha:
sargento (m)	တပ်ကြပ်ကြီး	ta' kja' kji:
teniente (m)	ဗိုလ်	bou
capitán (m)	ဗိုလ်ကြီး	bou gji

mayor (m)	ဗိုလ်မှူး	bou hmu:
coronel (m)	ဗိုလ်မှူးကြီး	bou hmu: gji:
general (m)	ဗိုလ်ချုပ်	bou gjou'
mariscal (m)	ထိပ်တန်းအရာရှိ	htei' tan: aja shi.
almirante (m)	ရေတပ်ဗိုလ်ချုပ်ကြီး	jei da' bou chou' kji:
militar (m)	တပ်မတော်နှင့်ဆိုင်သော	ta' mado hnin. zain de.
soldado (m)	စစ်သား	si' tha:

oficial (m)	အရာရှိ	aja shi.
comandante (m)	ခေါင်းဆောင်	gaun: zaun
guardafronteras (m)	နယ်ခြားစောင့်	ne gja: zaun.
radio-operador (m)	ဆက်သွယ်ရေးတပ်သား	hse' thwe jei: da' tha:
explorador (m)	ကင်းထောက်	kin: dau'
zapador (m)	မိုင်းရှင်းသူ	main: shin: dhu
tirador (m)	လက်ဖြောင့်တပ်သား	le' hpaun. da' tha:
navegador (m)	လေကြောင်းပြ	lei gjaun: bja.

89. Los oficiales. Los sacerdotes

rey (m)	ဘုရင်	ba. jin
reina (f)	ဘုရင်မ	ba jin ma.
príncipe (m)	အိမ်ရှေ့ မင်းသား	ein shei. min: dha:
princesa (f)	မင်းသမီး	min: dhami:
zar (m)	ဇာဘုရင်	za bou jin
zarina (f)	ဇာဘုရင်မ	za bou jin ma
presidente (m)	သမ္မတ	thamada.
ministro (m)	ဝန်ကြီး	wun: gji:
primer ministro (m)	ဝန်ကြီးချုပ်	wun: gji: gjou'
senador (m)	ဆီနိတ်လွှတ်တော်အမတ်	hsi nei' hlwa' do: ama'
diplomático (m)	သံတမန်	than taman.
cónsul (m)	ကောင်စစ်ဝန်	kaun si' wun
embajador (m)	သံအမတ်	than ama'
consejero (m)	ကောင်စီဝင်	kaun si wun
funcionario (m)	အမှုဆောင်အရာရှိ	ahmu. zaun aja shi.
prefecto (m)	သီးသန့်နယ်မြေ အုပ်ချုပ်ရေးမှူး	thi: dhan. ne mjei ou' chou' ei: hmu:
alcalde (m)	မြို့တော်ဝန်	mjou. do wun
juez (m)	တရားသူကြီး	taja: dhu gji:
fiscal (m)	အစိုးရရှေ့နေ	asou: ja shei. nei
misionero (m)	သာသနာပြုသူ	tha dha. na bju. dhu
monje (m)	ဘုန်းကြီး	hpoun: gji:
abad (m)	ကျောင်းထိုင်ဆရာတော်	kjaun: dain zaja do
rabino (m)	ဂျူး�’ဘာသာရေးခေါင်းဆောင်	gju: ba dha jei: gaun: zaun:
visir (m)	မွတ်ဆလင်အမတ်	mu' hsa. lin ama'
sha (m)	ရှားဘုရင်	sha: bu. shin
jeque (m)	အာရပ်စော်ဘွား	a ra' so bwa:

90. Las profesiones agrícolas

apicultor (m)	ပျားမွေးသူ	pja: mwei: dhu
pastor (m)	သိုး၊နွားအုပ်ကျောင်းသူ	thou:/ nwa: ou' kjaun: dhu

agrónomo (m)	သီးနှံစိုက်ပျိုး ရေးပညာရှင်	thi: hnan zai' pjou: jei: pin nja shin
ganadero (m)	တိရိစ္ဆာန်မျိုးဖောက်သူ	tharei' hsan mjou: hpau' thu
veterinario (m)	တိရိစ္ဆာန်ဆေးရာဝန်	tharei' hsan zaja wun

granjero (m)	လယ်သမား	le dhama:
vinicultor (m)	ဝိုင်ဖောက်သူ	wain bau' thu
zoólogo (m)	သတ္တဗေဒပညာရှင်	tha' ta. bei da. pin nja shin
vaquero (m)	နွားကျောင်းသား	nwa: gjaun: dha:

91. Las profesiones artísticas

actor (m)	သရုပ်ဆောင်မင်းသား	thajou' hsaun min: dha:
actriz (f)	သရုပ်ဆောင်မင်းသမီး	thajou' hsaun min: dha:

cantante (m)	အဆိုတော်	ahsou do
cantante (f)	အဆိုတော်	ahsou do

bailarín (m)	အကဆရာ	aka. hsa. ja
bailarina (f)	အကဆရာမ	aka. hsa. ja ma

artista (m)	သရုပ်ဆောင်သူ	thajou' hsaun dhu
artista (f)	သရုပ်ဆောင်သူ	thajou' hsaun dhu

músico (m)	ဂီတပညာရှင်	gi ta. bjin nja shin
pianista (m)	စန္ဒရားဆရာ	san daja: zaja
guitarrista (m)	ဂစ်တာပညာရှင်	gi' ta bjin nja shin

director (m) de orquesta	ဂီတမှူး	gi ta. hmu
compositor (m)	တေးရေးဆရာ	tei: jei: hsaja
empresario (m)	ဇာတ်ဆရာ	za' hsaja

director (m) de cine	ရုပ်ရှင်ဒါရိုက်တာ	jou' shin da jai' ta
productor (m)	ထုတ်လုပ်သူ	htou' lou' thu
guionista (m)	ဇာတ်ညွှန်းဆရာ	za' hnjun: za ja
crítico (m)	ဝေဖန်သူ	wei ban dhu

escritor (m)	စာရေးဆရာ	sajei: zaja
poeta (m)	ကဗျာဆရာ	ka. bja zaja
escultor (m)	ပန်းပုဆရာ	babu hsaja
pintor (m)	ပန်းချီဆရာ	bagji zaja

malabarista (m)	လက်လှည့်ဆရာ	le' hli. za. ja.
payaso (m)	လူရွှင်တော်	lu shwin do
acróbata (m)	ကျွမ်းဘားပြသူ	kjwan: ba: bja dhu
ilusionista (m)	မျက်လှည့်ဆရာ	mje' hle. zaja

92. Profesiones diversas

médico (m)	ဆရာဝန်	hsa ja wun
enfermera (f)	သူနာပြု	thu na bju.
psiquiatra (m)	စိတ်ရောဂါအထူးကုဆရာဝန်	sei' jo: ga ahtu: gu. zaja wun

| dentista (m) | သွားဆရာဝန် | thwa: hsaja wun |
| cirujano (m) | ခွဲစိတ်ကုဆရာဝန် | khwe: hsei' ku hsaja wun |

astronauta (m)	အာကာသယာဉ်မှူး	akatha. jin hmu:
astrónomo (m)	နက္ခတ္တဗေဒပညာရှင်	ne' kha' ta. bei da. pji nja shin
piloto (m)	လေယာဉ်မှူး	lei jan hmu:

conductor (m) (chófer)	ယာဉ်မောင်း	jin maun:
maquinista (m)	ရထားမောင်းသူ	jatha: maun: dhu
mecánico (m)	စက်ပြင်ဆရာ	se' pjin zaja

minero (m)	သတ္တုတွင်း အလုပ်သမား	tha' tu. dwin: alou' thama:
obrero (m)	အလုပ်သမား	alou' dha ma:
cerrajero (m)	သော့ပြင်ဆရာ	tho. bjin zaja
carpintero (m)	ကျီးပေါင်း�│	kji: baun: gwei le' dha ma:
tornero (m)	တွင်ခုံအလုပ်သမား	twin goun alou' dhama:
albañil (m)	ဆောက်လုပ်ရေးအလုပ်သမား	hsau' lou' jei: alou' dha. ma:
soldador (m)	ဂဟေဆော်သူ	gahei hso dhu

profesor (m) (título)	ပါမောက္ခ	pamau' kha
arquitecto (m)	ဗိသုကာပညာရှင်	bi. thu. ka pjin nja shin
historiador (m)	သမိုင်းပညာရှင်	thamain: pin nja shin
científico (m)	သိပ္ပံပညာရှင်	thei' pan pin nja shin
físico (m)	ရူပဗေဒပညာရှင်	ju bei da. bin nja shin
químico (m)	ဓာတုဗေဒပညာရှင်	da tu. bei da. bjin nja shin

arqueólogo (m)	ရှေးဟောင်းသုတေသန ပညာရှင်	shei: haun thu. dei dha. na. bji nja shin
geólogo (m)	ဘူမိဗေဒပညာရှင်	buu mi. bei da. bjin nja shin
investigador (m)	သုတေသနပညာရှင်	thu. tei thana pin nja shin

| niñera (f) | ကလေးထိန်း | kalei: din: |
| pedagogo (m) | ဆရာ | hsa ja |

redactor (m)	အယ်ဒီတာ	e di ta
redactor jefe (m)	အယ်ဒီတာချုပ်	e di ta chu'
corresponsal (m)	သတင်းထောက်	dhadin: dau'
mecanógrafa (f)	လက်နှိပ်စက်ရိုက်သူ	le' ni' se' jou' thu

diseñador (m)	ဒီဇိုင်နာ	di zain na
especialista (m) en ordenadores	ကွန်ပျူတာပညာရှင်	kun pju ta ba. nja shin
programador (m)	ပရိုဂရမ်မာ	pa. jou ga. jan ma
ingeniero (m)	အင်ဂျင်နီယာ	in gjin ni ja

marino (m)	သင်္ဘောသား	thin: bo: dha:
marinero (m)	သင်္ဘောသား	thin: bo: dha:
socorrista (m)	ကယ်ဆယ်သူ	ke ze dhu

bombero (m)	မီးသတ်သမား	mi: tha' dhama:
policía (m)	ရဲ	je:
vigilante (m) nocturno	အစောင့်	asaun.
detective (m)	စုံထောက်	soun dau'

| aduanero (m) | အကောက်ခွန်အရာရှိ | akau' khun aja shi. |
| guardaespaldas (m) | သက်တော်စောင့် | the' to zaun. |

| guardia (m) de prisiones | ထောင်စောင့် | htaun zaun. |
| inspector (m) | ရဲအုပ် | je: ou' |

deportista (m)	အားကစားသမား	a: gaza: dhama:
entrenador (m)	နည်းပြ	ne: bja.
carnicero (m)	သားသတ်သမား	tha: dha' thama:
zapatero (m)	ဖိနပ်ချုပ်သမား	hpana' chou' tha ma:
comerciante (m)	ကုန်သည်	koun de
cargador (m)	ကုန်ထမ်းသမား	koun din dhama:

| diseñador (m) de modas | ဖက်ရှင်ဒီဇိုင်နာ | hpe' shin di zain na |
| modelo (f) | မော်ဒယ် | mo de |

93. Los trabajos. El estatus social

| escolar (m) | ကျောင်းသား | kjaun: dha: |
| estudiante (m) | ကျောင်းသား | kjaun: dha: |

filósofo (m)	ဒဿနပညာရှင်	da' thana. pjin nja shin
economista (m)	ဘောဂဗေဒပညာရှင်	bo ga bei da ba nja shin
inventor (m)	တီထွင်သူ	ti htwin dhu

desempleado (m)	အလုပ်လက်မဲ့	alou' le' me.
jubilado (m)	အငြိမ်းစား	anjein: za:
espía (m)	သူလျှို	thu shou

prisionero (m)	ထောင်သား	htaun dha:
huelguista (m)	သပိတ်မှောက်သူ	thabei' hmau' thu
burócrata (m)	ဗျူရိုကရက်အရာရှိ	bju jou ka. je' aja shi.
viajero (m)	ခရီးသွား	khaji: thwa:

homosexual (m)	လိင်တူချင်းဆက်ဆံသူ	lein du cjin: ze' hsan dhu
hacker (m)	ဟက်ကာ	he' ka
hippie (m)	လူမှုဝေလှများကို သွေဖယ်သူ	lu hmu. da. lei. mja: gou

bandido (m)	ဓားပြ	damja.
sicario (m)	လူသတ်သမား	lu dha' thama:
drogadicto (m)	ဆေးစွဲသူ	hsei: zwe: dhu
narcotraficante (m)	မူးယစ်ဆေးရောင်းဝယ်သူ	mu: ji' hsei: jaun we dhu
prostituta (f)	ပြည့်တန်ဆာ	pjei. dan za
chulo (m), proxeneta (m)	ဖာခေါင်း	hpa gaun:

brujo (m)	မှော်ဆရာ	hmo za. ja
bruja (f)	မှော်ဆရာမ	hmo za. ja ma.
pirata (m)	ပင်လယ်ဓားပြ	pin le da: bja.
esclavo (m)	ကျွန်	kjun
samurai (m)	ဆာမူရိုင်း	hsa mu jain:
salvaje (m)	လူရိုင်း	lu jain:

La educación

| escuela (f) | စာသင်ကျောင်း | sa dhin gjaun: |
| director (m) de escuela | ကျောင်းအုပ်ကြီး | ko: ou' kji: |

alumno (m)	ကျောင်းသား	kjaun: dha:
alumna (f)	ကျောင်းသူ	kjaun: dhu
escolar (m)	ကျောင်းသား	kjaun: dha:
escolar (f)	ကျောင်းသူ	kjaun: dhu

enseñar (vt)	သင်ကြားသည်	thin kja: de
aprender (ingles, etc.)	သင်ယူသည်	thin ju de
aprender de memoria	အလွတ်ကျက်သည်	alu' kje' de

aprender (a leer, etc.)	သင်ယူသည်	thin ju de
estar en la escuela	ကျောင်းတက်သည်	kjaun: de' de
ir a la escuela	ကျောင်းသွားသည်	kjaun: dhwa: de

| alfabeto (m) | အက္ခရာ | e' kha ja |
| materia (f) | ဘာသာရပ် | ba da ja' |

aula (f)	စာသင်ခန်း	sa dhin gan:
lección (f)	သင်ခန်းစာ	thin gan: za
recreo (m)	အနားချိန်	ana: gjain
campana (f)	ခေါင်းလောင်းသံ	gaun: laun: dhan
pupitre (m)	စာရေးခုံ	sajei: khoun
pizarra (f)	ကျောက်သင်ပုန်း	kjau' thin boun:

nota (f)	အမှတ်	ahma'
buena nota (f)	အမှတ်အဆင့်မြင့်	ahma' ahsin. mjin.
mala nota (f)	အမှတ်အဆင့်နိမ့်	ahma' ahsin. nin.
poner una nota	အမှတ်ပေးသည်	ahma' pei: de

falta (f)	အမှား	ahma:
hacer faltas	အမှားလုပ်သည်	ahma: lou' te
corregir (un error)	အမှားပြင်သည်	ahma: pjin de
chuleta (f)	ခိုးကူးရန်စာ ရှက်အပိုင်းအစ	khou: gu: jan za jwe' apain: asa.

| deberes (m pl) de casa | အိမ်စာ | ein za |
| ejercicio (m) | လေ့ကျင့်ခန်း | lei. kjin. gan: |

estar presente	ရှိသည်	shi. de
estar ausente	ပျက်ကွက်သည်	pje' kwe' te
faltar a las clases	အတန်းပျက်ကွက်သည်	atan: bje' kwe' te

| castigar (vt) | အပြစ်ပေးသည် | apja' pei: de |
| castigo (m) | အပြစ်ပေးခြင်း | apja' pei: gjin: |

conducta (f)	အပြုအမူ	apju amu
libreta (f) de notas	စာမေးပွဲမှတ်တမ်း	sa mei: hma' tan:
lápiz (m)	ခဲတံ	khe: dan
goma (f) de borrar	ခဲဖျက်	khe: bje'
tiza (f)	မြေဖြူ	mjei bju
cartuchera (f)	ခဲတံပူး	khe: dan bu:

mochila (f)	ကျောင်းသုံးလွယ်အိတ်	kjaun: dhoun: lwe ji'
bolígrafo (m)	ဘောပင်	bo pin
cuaderno (m)	လေ့ကျင့်ခန်းစာအုပ်	lei. kjin. gan: za ou'
manual (m)	ဖတ်စာအုပ်	hpa' sa au'
compás (m)	ထောက်ဆူး	htau' hsu:

| trazar (vi, vt) | ပုံကြမ်းဆွဲသည် | poun: gjam: zwe: de |
| dibujo (m) técnico | နည်းပညာဆိုင်ရာပုံကြမ်း | ne bi nja zain ja boun gjan: |

poema (m), poesía (f)	ကဗျာ	ka. bja
de memoria (adv)	အလွတ်	alu'
aprender de memoria	အလွတ်ကျက်သည်	alu' kje' de

vacaciones (f pl)	ကျောင်းပိတ်ရက်	kjaun: bi' je'
estar de vacaciones	အားလပ်ရက်ရှိသည်	a: la' je' ja. de
pasar las vacaciones	အားလပ်ရက်ဖြတ်သန်းသည်	a: la' je' hpja' than: de

prueba (f) escrita	အခန်းဆုံးစစ်ဆေးမှု	akhan: zain zi' hsei: hmu
composición (f)	စာစီစာကုံး	sa zi za koun:
dictado (m)	သတ်ပုံခေါ်ပေးခြင်း	tha' poun go bei: gjin:
examen (m)	စာမေးပွဲ	sa mei: bwe:
hacer un examen	စာမေးပွဲဖြေသည်	sa mei: bwe: bjei de
experimento (m)	လက်တွေ့လုပ်ဆောင်မှု	le' twei. lou' zaun hma.

95. Los institutos. La Universidad

academia (f)	အထူးပညာသင်ကျောင်း	a htu: bjin nja dhin kjaun:
universidad (f)	တက္ကသိုလ်	te' kathou
facultad (f)	ဌာန	hta. na.

estudiante (m)	ကျောင်းသား	kjaun: dha:
estudiante (f)	ကျောင်းသူ	kjaun: dhu
profesor (m)	သင်ကြားပို့ချသူ	thin kja: bou. gja. dhu

| aula (f) | စာသင်ခန်း | sa dhin gan: |
| graduado (m) | ဘွဲ့ရသူ | bwe. ja. dhu |

| diploma (m) | ဒီပလိုမာ | di' lou ma |
| tesis (f) de grado | သုတေသနစာတမ်း | thu. tei thana za dan: |

| estudio (m) | သုတေသနစာတမ်း | thu. tei thana za dan |
| laboratorio (m) | လက်တွေ့ခန်း | le' twei. gan: |

clase (f)	သင်ကြားပို့ချမှု	thin kja: bou. gja. hmu.
compañero (m) de curso	အတန်းဖော်	atan: hpo
beca (f)	ပညာသင်ဆု	pjin nja dhin zu.
grado (m) académico	တက္ကသိုလ်ဘွဲ့	te' kathou bwe.

96. Las ciencias. Las disciplinas

matemáticas (f pl)	သင်္ချာ	thin cha
álgebra (f)	အက္ခရာသင်္ချာ	e' kha ja din gja
geometría (f)	ဂျီသြမေတြီ	gji o: mei tri
astronomía (f)	နက္ခတ္တဗေဒ	ne' kha' ta. bei da.
biología (f)	ဇီဝဗေဒ	zi: wa bei da.
geografía (f)	ပထဝီဝင်	pahtawi win
geología (f)	ဘူမိဗေဒ	buu mi. bei da.
historia (f)	သမိုင်း	thamain:
medicina (f)	ဆေးပညာ	hsei: pjin nja
pedagogía (f)	သင်ကြားနည်းပညာ	thin kja: nei: pin nja
derecho (m)	ဥပဒေဘာသာရပ်	u. ba. bei ba dha ja'
física (f)	ရူပဗေဒ	ju bei da.
química (f)	ဓာတုဗေဒ	da tu. bei da.
filosofía (f)	ဒဿနိကဗေဒ	da' tha ni. ga. bei da.
psicología (f)	စိတ်ပညာ	sei' pjin nja

97. Los sistemas de escritura. La ortografía

gramática (f)	သဒ္ဒါ	dhada
vocabulario (m)	ဝေါဟာရ	wo: ha ra.
fonética (f)	သဒ္ဒဗေဒ	dhada. bei da.
sustantivo (m)	နာမ်	nan
adjetivo (m)	နာမဝိသေသန	nan wi. dhei dha. na.
verbo (m)	ကြိယာ	kji ja
adverbio (m)	ကြိယာဝိသေသန	kja ja wi. dhei dha. na.
pronombre (m)	နာမ်စား	nan za:
interjección (f)	အာမေဓိတ်	a mei dei'
preposición (f)	ဝိဘတ်	wi ba'
raíz (f), radical (m)	ဝေါဟာရရင်းမြစ်	wo: ha ra. jin: mji'
desinencia (f)	အဆုံးသတ်	ahsoun: tha'
prefijo (m)	ရှေ့ဆက်ပုဒ်	shei. hse' pou'
sílaba (f)	ဝဏ္ဏ	wun na.
sufijo (m)	နောက်ဆက်ပုဒ်	nau' ze' pou'
acento (m)	ဗိသံသကေတ	hpi. dhan dha. gei da.
apóstrofo (m)	ပိုင်ဆိုင်ခြင်းပြသကေတ	pain zain bjin: bja tin kei ta.
punto (m)	ဖူးလ်စတော့ပ်	hpu: l za. po. p
coma (m)	ပုဒ်ထီး သကေတ	pou' hti: tin kei ta.
punto y coma	အဖြတ်အရပ်သကေတ	a hpja' aja' tha ngei da
dos puntos (m pl)	ကိုလန်	kou lan
puntos (m pl) suspensivos	စာချန်ပြအမှတ်အသား	sa gjan bja ahma' atha:
signo (m) de interrogación	မေးခွန်းပြအမှတ်အသား	mei: gun: bja. ahma' adha:
signo (m) de admiración	အာမေဓိတ်အမှတ်အသား	a mei dei' ahma' atha:

comillas (f pl)	မျက်တောင်အဖွင့်အပိတ်	mje' taun ahpwin. apei'
entre comillas	မျက်တောင်အဖွင့်အပိတ်-အတွင်း	mje' taun ahpwin. apei' atwin:
paréntesis (m)	ကွင်း	kwin:
entre paréntesis	ကွင်းအတွင်း	kwin: atwin:
guión (m)	တုံးတို	toun: dou
raya (f)	တုံးရှည်	toun: she
blanco (m)	ကွက်လပ်	kwe' la'
letra (f)	စာလုံး	sa loun:
letra (f) mayúscula	စာလုံးကြီး	sa loun: gji:
vocal (f)	သရ	thara.
consonante (m)	ဗျည်း	bjin:
oración (f)	ဝါကျ	we' kja.
sujeto (m)	ကံ	kan
predicado (m)	ဝါစက	wa saka.
línea (f)	မျဉ်းကြောင်း	mjin: gjaun:
en una nueva línea	မျဉ်းကြောင်းအသစ်ပေါ်မှာ	mjin: gjaun: athi' bo hma.
párrafo (m)	စာပိုဒ်	sa pai'
palabra (f)	စကားလုံး	zaga: loun:
combinación (f) de palabras	စကားစု	zaga: zu.
expresión (f)	ဖော်ပြချက်	hpjo bja. gje'
sinónimo (m)	အနက်တူ	ane' tu
antónimo (m)	ဆန့်ကျင်ဘက်အနက်	hsan. gjin ba' ana'
regla (f)	စည်းမျဉ်းစည်းကမ်း	si: mjin: si: kan:
excepción (f)	ခြင်းချက်	chwin: gje'
correcto (adj)	မှန်ကန်သော	hman gan de.
conjugación (f)	ကြိယာသုံးစံပြောင်းခြင်း	kji ja boun zan pjaun: chin:
declinación (f)	သဒ္ဒါပြောင်းလဲပုံ	dhada bjaun: le: boun
caso (m)	နာမ်ပြောင်းပုံစံ	nan bjaun: boun zan
pregunta (f)	မေးခွန်း	mei: gun:
subrayar (vt)	အလေးထားဖော်ပြသည်	a lei: da: hpo pja. de
línea (f) de puntos	အစက်မျဉ်း	ase' mjin:

98. Los idiomas extranjeros

lengua (f)	ဘာသာစကား	ba dha zaga:
extranjero (adj)	နိုင်ငံခြားနှင့်ဆိုင်သော	nain ngan gja: hnin. zain de.
lengua (f) extranjera	နိုင်ငံခြားဘာသာစကား	nain ngan gja: ba dha za ga:
estudiar (vt)	သင်ယူလေ့လာသည်	thin ju lei. la de
aprender (ingles, etc.)	သင်ယူသည်	thin ju de
leer (vi, vt)	ဖတ်သည်	hpa' te
hablar (vi, vt)	ပြောသည်	pjo: de
comprender (vt)	နားလည်သည်	na: le de
escribir (vt)	ရေးသည်	jei: de
rápidamente (adv)	မြန်မြန်	mjan mjan
lentamente (adv)	ဖြည်းဖြည်း	hpjei: bjei:

con fluidez (adv)	ကျွမ်းကျွမ်းကျင်ကျင်	kjwan: gjwan: gjin gjin
reglas (f pl)	စည်းမျဉ်းစည်းကမ်း	si: mjin: si: kan:
gramática (f)	သဒ္ဒါ	dhada
vocabulario (m)	ဝေါဟာရ	wo: ha ra.
fonética (f)	သဒ္ဒဗေဒ	dhada. bei da.

manual (m)	ဖတ်စာအုပ်	hpa' sa au'
diccionario (m)	အဘိဓာန်	abi. dan
manual (m) autodidáctico	မိမိဘာသာလေ့	mi. mi. ba dha lei.
	လာနိုင်သောစာအုပ်	la nain dho: za ou'
guía (f) de conversación	နှစ်ဘာသာစကားပြောစာအုပ်	hni' ba dha zaga: bjo: za ou'

casete (m)	တိပ်ခွေ	tei' khwei
videocasete (f)	ရုပ်ရှင်တိပ်ခွေ	jou' shin dei' hpwei
disco compacto, CD (m)	စီဒီခွေ	si di gwei
DVD (m)	ဒီဗီဒီခွေ	di bi di gwei

alfabeto (m)	အက္ခရာ	e' kha ja
deletrear (vt)	စာလုံးပေါင်းသည်	sa loun: baun: de
pronunciación (f)	အသံထွက်	athan dwe'

acento (m)	ဝဲသံ	we: dhan
con acento	ဝဲသံနှင့်	we: dhan hnin.
sin acento	ဝဲသံမပါဘဲ	we: dhan ma. ba be:

palabra (f)	စကားလုံး	zaga: loun:
significado (m)	အဓိပ္ပါယ်	adei' be

cursos (m pl)	သင်တန်း	thin dan:
inscribirse (vr)	စာရင်းသွင်းသည်	sajin: dhwin: de
profesor (m) (~ de inglés)	ဆရာ	hsa ja

traducción (f) (proceso)	ဘာသာပြန်ခြင်း	ba dha bjan gjin:
traducción (f) (texto)	ဘာသာပြန်ထားချက်	ba dha bjan da: gje'
traductor (m)	ဘာသာပြန်	ba dha bjan
intérprete (m)	စကားပြန်	zaga: bjan

políglota (m)	�’ဘာသာစကားအများ	ba dha zaga: amja:
	ပြောနိုင်သူ	bjo: nain dhu
memoria (f)	မှတ်ဉာဏ်	hma' njan

El descanso. El entretenimiento. El viaje

99. Las vacaciones. El viaje

turismo (m)	ခရီးသွားလုပ်ငန်း	khaji: thwa: lou' ngan:
turista (m)	ကမ္ဘာလှည့်ခရီးသည်	ga ba hli. kha. ji: de
viaje (m)	ခရီးထွက်ခြင်း	khaji: htwe' chin:
aventura (f)	စွန့်စားမှု	sun. za: hmu.
viaje (m) (p.ej. ~ en coche)	ခရီး	khaji:
vacaciones (f pl)	ခွင့်ရက်	khwin. je'
estar de vacaciones	အခွင့်ယူသည်	akhwin. ju de
descanso (m)	အနားယူခြင်း	ana: ju gjin:
tren (m)	ရထား	jatha:
en tren	ရထားနဲ့	jatha: ne.
avión (m)	လေယာဉ်	lei jan
en avión	လေယာဉ်နဲ့	lei jan ne.
en coche	ကားနဲ့	ka: ne.
en barco	သင်္ဘောနဲ့	thin: bo: ne.
equipaje (m)	ဝန်စည်စလည်	wun zi za. li
maleta (f)	သားရေသေတ္တာ	tha: jei dhi' ta
carrito (m) de equipaje	ပစ္စည်းတင်ရန်တွန်းလှည်း	pji' si: din jan dun: hle:
pasaporte (m)	နိုင်ငံကူးလက်မှတ်	nain ngan gu: le' hma'
visado (m)	ဗီဇာ	bi za
billete (m)	လက်မှတ်	le' hma'
billete (m) de avión	လေယာဉ်လက်မှတ်	lei jan le' hma'
guía (f) (libro)	လမ်းညွှန်စာအုပ်	lan: hnjun za ou'
mapa (m)	မြေပုံ	mjei boun
área (f) (~ rural)	ဒေသ	dei dha:
lugar (m)	နေရာ	nei ja
exotismo (m)	အထူးအဆန်းပစ္စည်း	a htu: a hsan: bji' si:
exótico (adj)	အထူးအဆန်းဖြစ်သော	a htu: a hsan: hpja' te.
asombroso (adj)	အံ့ဩစရာကောင်းသော	an. o: sa ja kaun de.
grupo (m)	အုပ်စု	ou' zu.
excursión (f)	လေ့လာရေးခရီး	lei. la jei: gaji:
guía (m) (persona)	လမ်းညွှန်	lan: hnjun

100. El hotel

hotel (m)	ဟိုတယ်	hou te
motel (m)	မိုတယ်	mou te
de tres estrellas	ကြယ် ၃ ပွင့်အဆင့်	kje thoun: pwin. ahsin.

| de cinco estrellas | ကြယ် ၅ ပွင့်အဆင့် | kje nga: pwin. ahsin. |
| hospedarse (vr) | တည်းခိုသည် | te: khou de |

habitación (f)	အခန်း	akhan:
habitación (f) individual	တစ်ယောက်ခန်း	ti' jau' khan:
habitación (f) doble	နှစ်ယောက်ခန်း	hni' jau' khan:
reservar una habitación	ကြိုတင်မှာယူသည်	kjou tin hma ju de

| media pensión (f) | ကြိုတင်တစ်ဝက်ငွေရှေ့ရှင်း | kjou tin di' we' ngwe gjei gjin: |
| pensión (f) completa | ငွေအပြည့်ကြို တင်ပေးရှေ့ရှင်း | ngwei apjei. kjou din bei: chei chin: |

con baño	ရေချိုးခန်းနှင့်	jei gjou gan: hnin.
con ducha	ရေပန်းနှင့်	jei ban: hnin.
televisión (f) satélite	ဂြိုဟ်တုရုပ်မြင်သံကြား	gjou' htu. jou' mjin dhan gja:
climatizador (m)	လေအေးပေးစက်	lei ei: bei: ze'
toalla (f)	တဘက်	tabe'
llave (f)	သော့	tho.

administrador (m)	အုပ်ချုပ်ရေးမှူး	ou' chu' jei: hmu:
camarera (f)	သန့်ရှင်းရေးဝန်ထမ်း	than. shin: jei: wun dan:
maletero (m)	အထမ်းသမား	a htan: dha. ma:
portero (m)	တံခါးဝမှ စောင့်ကြ	daga: wa. hma. e. kjou

restaurante (m)	စားသောက်ဆိုင်	sa: thau' hsain
bar (m)	ဘား	ba:
desayuno (m)	နံနက်စာ	nan ne' za
cena (f)	ညစာ	nja. za
buffet (m) libre	ဘူဖေး	bu hpei:

| vestíbulo (m) | နားရောင်ခန်း | hna jaun gan: |
| ascensor (m) | ဓာတ်လှေကား | da' hlei ga: |

| NO MOLESTAR | မနှောင့်ယှက်ရ | ma. hnaun hje' ja. |
| PROHIBIDO FUMAR | ဆေးလိပ်မသောက်ရ | hsei: lei' ma. dhau' ja. |

EL EQUIPO TÉCNICO. EL TRANSPORTE

El equipo técnico

101. El computador

ordenador (m)	ကွန်ပျူတာ	kun pju ta
ordenador (m) portátil	လပ်တော့	la' to.
encender (vt)	ဖွင့်သည်	hpwin. de
apagar (vt)	ပိတ်သည်	pei' te
teclado (m)	ကီးဘုတ်	kji: bou'
tecla (f)	ကီး	kji:
ratón (m)	မောက်စ်	mau's
alfombrilla (f) para ratón	မောက်စ်အောက်ခံပြား	mau's au' gan bja:
botón (m)	ခလုတ်	khalou'
cursor (m)	ညွှန်မြား	hnjun: ma:
monitor (m)	မော်နီတာ	mo ni ta
pantalla (f)	မှန်သားပြင်	hman dha: bjin
disco (m) duro	ဟာ့ဒ်ဒစ်-အချက်အလက်သိမ်းပစ္စည်း	ha' di' akja' ale' thein: bji' si:
volumen (m) de disco duro	ဟတ်ဒစ်သိုလောင်နိုင်မှု	ha' di' thou laun nain hmu.
memoria (f)	မှတ်ဉာဏ်	hma' njan
memoria (f) operativa	ရမ်	ran
archivo, fichero (m)	ဖိုင်	hpain
carpeta (f)	စာတွဲဖိုင်	sa dwe: bain
abrir (vt)	ဖွင့်သည်	hpwin. de
cerrar (vt)	ပိတ်သည်	pei' te
guardar (un archivo)	သိမ်းဆည်းသည်	thain: zain: de
borrar (vt)	ဖျက်သည်	hpje' te
copiar (vt)	မိတ္တူကူးသည်	mi' tu gu: de
ordenar (vt) (~ de A a Z, etc.)	ခွဲသည်	khwe: de
transferir (vt)	ပြန်ကူးသည်	pjan gu: de
programa (m)	ပရိုဂရမ်	pa. jou ga. jan
software (m)	ဆော့ဝဲ	hso. hp we:
programador (m)	ပရိုဂရမ်မာ	pa. jou ga. jan ma
programar (vt)	ပရိုဂရမ်ရေးသည်	pa. jou ga. jan jei: de
hacker (m)	ဟက်ကာ	he' ka
contraseña (f)	စကားဝှက်	zaga: hwe'
virus (m)	ဗိုင်းရပ်စ်	bain ja's
detectar (vt)	ရှာဖွေသည်	sha hpwei de

| octeto, byte (m) | ဘိုက် | bai' |
| megaocteto (m) | မီဂါဘိုက် | mi ga bai' |

| datos (m pl) | အချက်အလက် | ache' ale' |
| base (f) de datos | ဒေတာ�‌ဘေ့စ် | dei da bei. s |

cable (m)	ကေဘယ်ကြိုး	kei be kjou:
desconectar (vt)	ဖြုတ်သည်	hpjei: de
conectar (vt)	တပ်သည်	ta' te

102. El internet. El correo electrónico

internet (m), red (f)	အင်တာနက်	in ta na'
navegador (m)	ဘရောက်ဆာ	ba. jau' hsa
buscador (m)	ဆာရှအင်ဂျင်	hsa. ch in gjin
proveedor (m)	ပံ့ပိုးသူ	pan. bou: dhu

webmaster (m)	ဝက်မာစတာ	we' sai' ma sa. ta
sitio (m) web	ဝက်ဆိုက်	we' sai'
página (f) web	ဝက်ဆိုဒ်စာမျက်နှာ	we' sai' sa mje' hna

| dirección (f) | လိပ်စာ | lei' sa |
| libro (m) de direcciones | လိပ်စာမှတ်စု | lei' sa hmat' su. |

buzón (m)	စာတိုက်ပုံး	sa dai' poun:
correo (m)	စာ	sa
lleno (adj)	ပြည့်သော	pjei. de.

mensaje (m)	သတင်း	dhadin:
correo (m) entrante	အဝင်သတင်း	awin dha din:
correo (m) saliente	အထွက်သတင်း	a htwe' tha. din:

expedidor (m)	ပို့သူ	pou. dhu
enviar (vt)	ပို့သည်	pou. de
envío (m)	ပို့ခြင်း	pou. gjin:

| destinatario (m) | လက်ခံသူ | le' khan dhu |
| recibir (vt) | လက်ခံရရှိသည် | le' khan ja. shi. de |

| correspondencia (f) | စာအဆက်အသွယ် | sa ahse' athwe |
| escribirse con ... | စာပေးစာယူလုပ်သည် | sa pei: za ju lou' te |

archivo, fichero (m)	ဖိုင်	hpain
descargar (vt)	ဒေါင်းလော့ဒ်လုပ်သည်	daun: lo. d lou' de
crear (vt)	ဖန်တီးသည်	hpan di: de
borrar (vt)	ဖျက်သည်	hpje' te
borrado (adj)	ဖျက်ပြီးသော	hpje' pji: de.

conexión (f) (ADSL, etc.)	ဆက်သွယ်မှု	hse' thwe hmu.
velocidad (f)	နှုန်း	hnun:
módem (m)	မိုဒမ်း	mou dan:
acceso (m)	ဝင်လမ်း	win lan
puerto (m)	ပို့တ်	we: be'
conexión (f) (establecer la ~)	အဆိုတ်အဆက်	achei' ahse'

conectarse a …	ရှိတ်ဆက်သည်	chei' hse' te
seleccionar (vt)	ရွေးချယ်သည်	jwei: che de
buscar (vt)	ရှာသည်	sha de

103. La electricidad

electricidad (f)	လျှပ်စစ်ဓာတ်အား	hlja' si' da' a:
eléctrico (adj)	လျှပ်စစ်နှင့်ဆိုင်သော	hlja' si' hnin. zain de.
central (f) eléctrica	လျှပ်စစ်ထုတ်လုပ်သောစက်ရုံ	hlja' si' htou' lou' tho: ze' joun
energía (f)	စွမ်းအင်	swan: in
energía (f) eléctrica	လျှပ်စစ်စွမ်းအား	hlja' si' swan: a:

bombilla (f)	မီးသီး	mi: dhi:
linterna (f)	ဓာတ်မီး	da' mi:
farola (f)	လမ်းမီး	lan: mi:

luz (f)	အလင်းရောင်	alin: jaun
encender (vt)	ဖွင့်သည်	hpwin. de
apagar (vt)	ပိတ်သည်	pei' te
apagar la luz	မီးပိတ်သည်	mi: pi' te

quemarse (vr)	မီးကျွမ်းသည်	mi: kjwan: de
circuito (m) corto	လျှပ်စီးပတ်လမ်းပြတ်ခြင်း	hlja' si: ba' lan: bja' chin:
ruptura (f)	ဝိုင်ယာကြိုးအပြတ်	wain ja gjou: apja'
contacto (m)	လျှပ်ကူးပစ္စည်း	hlja' ku: pji' si:

interruptor (m)	ခလုတ်	khalou'
enchufe (m)	ပလပ်ပေါက်	pa. la' pau'
clavija (f)	ပလပ်	pa. la'
alargador (m)	ကြားဆက်ကြိုး	ka: ze' kjou:

fusible (m)	ဖျူးစ်	hpju: s
cable, hilo (m)	ဝိုင်ယာကြိုး	wain ja gjou:
instalación (f) eléctrica	လျှပ်စစ်ကြိုးသွယ်တန်းမှု	hlja' si' kjou: dhwe dan: hmu

amperio (m)	အမ်ပီယာ	an bi ja
amperaje (m)	အသံချဲစက်	athan che. zek
voltio (m)	ဗို	boi.
voltaje (m)	ဗို့အား	bou. a:

| aparato (m) eléctrico | လျှပ်စစ်ပစ္စည်း | hlja' si' pji' si: |
| indicador (m) | အချက်ပြ | ache' pja. |

electricista (m)	လျှပ်စစ်ပညာရှင်	hlja' si' pa. nja shin
soldar (vt)	ဂဟေဆော်သည်	gahei hso de
soldador (m)	ဂဟေဆော်တံ	gahei hso dan
corriente (f)	လျှပ်စီးကြောင်း	hlja' si: gjaun:

104. Las herramientas

| instrumento (m) | ကိရိယာ | ki. ji. ja |
| instrumentos (m pl) | ကိရိယာများ | ki. ji. ja mja: |

maquinaria (f)	စက်ကိရိယာပစ္စည်းများ	se' kari. ja pji' si: mja:
martillo (m)	တူ	tu
destornillador (m)	ဝက်အူလှည့်	we' u hli.
hacha (f)	ပုဆိန်	pahsein
sierra (f)	လွှ	hlwa.
serrar (vt)	လွှတိုက်သည်	hlwa. dai' de
cepillo (m)	ရွှေပေါ်	jwei bo
cepillar (vt)	ရွှေပေါ်ထိုးသည်	jwei bo dou: de
soldador (m)	ဂဟေဆော်တံ	gahei hso dan
soldar (vt)	ဂဟေဆော်သည်	gahei hso de
lima (f)	တံစဉ်း	tan zin:
tenazas (f pl)	သံနှုတ်	than hnou'
alicates (m pl)	ပလာယာ	pa. la ja
escoplo (m)	ဆောက်	hsau'
broca (f)	လွန်	lun
taladro (m)	လျှပ်စစ်လွန်	hlja' si' lun
taladrar (vi, vt)	လွန်ဖြင့်ဖောက်သည်	lun bjin. bau' de
cuchillo (m)	ဓား	da:
navaja (f)	မောင်းဂျက်ဓား	maun: gje' da:
filo (m)	ဓားသွား	da: dhwa
agudo (adj)	ချွန်ထက်သော	chwan de' te.
embotado (adj)	တုံးသော	toun: dho:
embotarse (vr)	တုံးသွားသည်	toun: dwa de
afilar (vt)	သွေးသည်	thwei: de
perno (m)	မူလီ	mu li
tuerca (f)	မူလီခေါင်း	mu li gaun:
filete (m)	ဝက်အူရစ်	we' u ji'
tornillo (m)	ဝက်အူ	we' u
clavo (m)	အိမ်ရိုက်သံ	ein jai' than
cabeza (f) del clavo	သံခေါင်း	than gaun:
regla (f)	ပေတံ	pei dan
cinta (f) métrica	ပေကြိုး	pei gjou:
nivel (m) de burbuja	ရေချိန်	jei gjain
lupa (f)	မှန်ဘီလူး	hman bi lu:
aparato (m) de medida	တိုင်းသည့်ကိရိယာ	tain: dhi. ki. ji. ja
medir (vt)	တိုင်းသည်	tain: de
escala (f) (~ métrica)	စကေး	sakei:
lectura (f)	ပြဿသာပမာဏ	pja. dho: ba ma na.
compresor (m)	ဖိသိပ်စက်	hpi. dhi' se'
microscopio (m)	အဏုကြည့်ကိရိယာ	anu gji. gi. ji. ja
bomba (f) (~ de agua)	လေထိုးစက်	lei dou: ze'
robot (m)	စက်ရုပ်	se' jou'
láser (m)	လေဇာ	lei za
llave (f) de tuerca	ခွ	khwa.
cinta (f) adhesiva	တိပ်	tei'

cola (f), pegamento (m)	ကော်	ko
papel (m) de lija	ကော်ဖတ်စက္ကူ	ko hpa' se' ku
resorte (m)	ညွတ်သံခွေ	hnju' dhan gwei
imán (m)	သံလိုက်	than lai'
guantes (m pl)	လက်အိတ်	lei' ei'

cuerda (f)	ကြိုး	kjou:
cordón (m)	ကြိုးလုံး	kjou: loun:
hilo (m) (~ eléctrico)	ဝိုင်ယာကြိုး	wain ja gjou:
cable (m)	ကေဘယ်ကြိုး	kei be kjou:

almádana (f)	တူကြီး	tou gji:
barra (f)	တူးရွင်း	tu: jwin:
escalera (f) portátil	လှေကား	hlei ga:
escalera (f) de tijera	ခေါက်လှေကား	khau' hlei ka:

atornillar (vt)	ဝက်အူကျစ်သည်	we' u gji' te
destornillar (vt)	ဝက်အူဖြုတ်သည်	we' u bju' te
apretar (vt)	ကျပ်သည်	kja' te.
pegar (vt)	ကော်ဖာပ်သည်	ko ka' de
cortar (vt)	ဖြတ်သည်	hpja' te

fallo (m)	ချွတ်ယွင်းချက်	chwe' jwin: che'
reparación (f)	ပြန်လည်းပြင်ဆင်ခြင်း	pjan le: bjin zin gjin:
reparar (vt)	ပြန်လည်ပြင်ဆင်သည်	pjan le bjin zin de
regular, ajustar (vt)	ညှိသည်	hnji. de

verificar (vt)	စစ်ဆေးသည်	si' hsei: de
control (m)	စစ်ဆေးခြင်း	si' hsei: gjin:
lectura (f) (~ del contador)	ပြသောပမာဏ	pja. dho: ba ma na.

fiable (máquina)	စိတ်ချရသော	sei' cha. ja. de.
complicado (adj)	ရှုပ်ထွေးသော	sha' htwei: de.

oxidarse (vr)	သံချေးတက်သည်	than gjei: da' te
oxidado (adj)	သံချေးတက်သော	than gjei: da' te.
óxido (m)	သံချေး	than gjei:

El transporte

avión (m)	လေယာဉ်	lei jan
billete (m) de avión	လေယာဉ်လက်မှတ်	lei jan le' hma'
compañía (f) aérea	လေကြောင်း	lei gjaun:
aeropuerto (m)	လေဆိပ်	lei zi'
supersónico (adj)	အသံထက်မြန်သော	athan de' mjan de.
comandante (m)	လေယာဉ်မှူး	lei jan hmu:
tripulación (f)	လေယာဉ်အမှုထမ်းအဖွဲ့	lei jan ahmu. dan: ahpwe.
piloto (m)	လေယာဉ်မောင်းသူ	lei jan maun dhu
azafata (f)	လေယာဉ်မယ်	lei jan me
navegador (m)	လေကြောင်းပြ	lei gjaun: bja.
alas (f pl)	လေယာဉ်တောင်ပံ	lei jan daun ban
cola (f)	လေယာဉ်အမြီး	lei jan amji:
cabina (f)	လေယာဉ်မောင်းအခန်း	lei jan maun akhan:
motor (m)	အင်ဂျင်	in gjin
tren (m) de aterrizaje	အောက်ခံဘောင်	au' khan baun
turbina (f)	တာဗိုင်	ta bain
hélice (f)	ပန်ကာ	pan ga
caja (f) negra	ဘလက်ဘောက်	ba. le' bo'
timón (m)	ပဲ့ကိုင်ဘီး	pe. gain bi:
combustible (m)	လောင်စာ	laun za
instructivo (m) de seguridad	အရွေးထွေပါ လုံခြုံရေး	ajei: po' choun loun jei:
	ညွှန်ကြားစာ	hnjun gja: za
respirador (m) de oxígeno	အောက်ဆီဂျင်မျက်နှာဖုံး	au' hsi gjin mje' hna hpoun:
uniforme (m)	ယူနီဖောင်း	ju ni hpaun:
chaleco (m) salvavidas	အသက်ကယ်အင်္ကျီ	athe' kai in: gji
paracaídas (m)	လေထီး	lei di:
despegue (m)	ထွက်ခွါခြင်း	htwe' khwa gjin:
despegar (vi)	ပျံတက်သည်	pjan de' te
pista (f) de despegue	လေယာဉ်ပြေးလမ်း	lei jan bei: lan:
visibilidad (f)	မြင်ကွင်း	mjin gwin:
vuelo (m)	ပျံသန်းခြင်း	pjan dan: gjin:
altura (f)	အမြင့်	amjin.
pozo (m) de aire	လေမငြိမ်အရပ်	lei ma ngjin aja'
asiento (m)	ထိုင်ခုံ	htain goun
auriculares (m pl)	နားကြပ်	na: kja'
mesita (f) plegable	ခေါက်စားပွဲ	khau' sa: bwe:
ventana (f)	လေယာဉ်ပြတင်းပေါက်	lei jan bja. din: bau'
pasillo (m)	မင်းလမ်း	min: lan:

106. El tren

tren (m)	ရထား	jatha:
tren (m) de cercanías	လျင်စစ်ဓာတ်အားသုံးရထား	hlja' si' da' a: dhou: ja da:
tren (m) rápido	အမြန်ရထား	aman ja. hta:
locomotora (f) diésel	ဒီဇယ်ရထား	di ze ja da:
tren (m) de vapor	ရေနွေးငွေ့စက်ခေါင်း	jei nwei: ngwei. ze' khaun:
coche (m)	အတွဲ	atwe:
coche (m) restaurante	စားသောက်တွဲ	sa: thau' thwe:
rieles (m pl)	ရထားသံလမ်း	jatha dhan lan:
ferrocarril (m)	ရထားလမ်း	jatha: lan:
traviesa (f)	ဇလီဖားတုံး	zali ba: doun
plataforma (f)	စကြံ	sin gjan
vía (f)	ရထားစကြံ	jatha zin gjan
semáforo (m)	မီးပွိုင့်	mi: bwain.
estación (f)	ဘူတာရုံ	bu da joun
maquinista (m)	ရထားမောင်းသူ	jatha: maun: dhu
maletero (m)	အထမ်းသမား	a htan: dha. ma:
mozo (m) del vagón	အစောင့်	asaun.
pasajero (m)	ခရီးသည်	khaji: de
revisor (m)	လက်မှတ်စစ်ဆေးသူ	le' hma' ti' hsei: dhu:
corredor (m)	ကော်ရစ်တာ	ko ji' ta
freno (m) de urgencia	အရေးပေါ်ဘရိတ်	ajei: po' ba ji'
compartimiento (m)	အခန်း	akhan:
litera (f)	အိပ်စင်	ei' zin
litera (f) de arriba	အပေါ်ထပ်အိပ်စင်	apo htap ei' sin
litera (f) de abajo	အောက်ထပ်အိပ်စင်	au' hta' ei' sin
ropa (f) de cama	အိပ်ရာခင်း	ei' ja khin:
billete (m)	လက်မှတ်	le' hma'
horario (m)	အချိန်ဇယား	achein zaja:
pantalla (f) de información	အချက်အလက်ပြနေရာ	ache' ale' pja. nei ja
partir (vi)	ထွက်ခွါသည်	htwe' khwa de
partida (f) (del tren)	အထွက်	a htwe'
llegar (tren)	ဆိုက်ရောက်သည်	hseu' jau' de
llegada (f)	ဆိုက်ရောက်ရာ	hseu' jau' ja
llegar en tren	မီးရထားဖြင့်ရောက်ရှိသည်	mi: ja. da: bjin. jau' shi. de
tomar el tren	မီးရထားစီးသည်	mi: ja. da: zi: de
bajar del tren	မီးရထားမှဆင်းသည်	mi: ja. da: hma. zin: de
descarrilamiento (m)	ရထားတိုက်ခြင်း	jatha: dai' chin:
descarrilarse (vr)	ရထားလမ်းချော်သည်	jatha: lan: gjo de
tren (m) de vapor	ရေနွေးငွေ့စက်ခေါင်း	jei nwei: ngwei. ze' khaun:
fogonero (m)	မီးထိုးသမား	mi: dou: dhama:
hogar (m)	မီးဖို	mi: bou
carbón (m)	ကျောက်မီးသွေး	kjau' mi dhwei:

107. El barco

barco, buque (m)	သင်္ဘော	thin: bo:
navío (m)	ရေယာဉ်	jei jan
buque (m) de vapor	မီးသင်္ဘော	mi: dha. bo:
motonave (f)	အပျော်စီးမော်တော်ဘုတ်ငယ်	apjo zi: mo do bou' nge
trasatlántico (m)	ပင်လယ်အပျော်စီးသင်္ဘော	pin le apjo zi: dhin: bo:
crucero (m)	လေယာဉ်တင်သင်္ဘော	lei jan din
yate (m)	အပျော်စီးရွက်လှေ	apjo zi: jwe' hlei
remolcador (m)	ဆွဲသင်္ဘော	hswe: thin: bo:
barcaza (f)	ဖောင်	hpaun
ferry (m)	ကူးတို့သင်္ဘော	gadou. thin: bo:
velero (m)	ရွက်သင်္ဘော	jwe' thin: bo:
bergantín (m)	ရွက်လှေ	jwe' hlei
rompehielos (m)	ရေခဲပြင်ခွဲသင်္ဘော	jei ge: bjin gwe: dhin: bo:
submarino (m)	ရေငုပ်သင်္ဘော	jei ngou' thin: bo:
bote (m) de remo	လှေ	hlei
bote (m)	ရော်ဘာလှေ	jo ba hlei
bote (m) salvavidas	အသက်ကယ်လှေ	athe' kai hlei
lancha (f) motora	မော်တော်ဘုတ်	mo to bou'
capitán (m)	ရေယာဉ်မှူး	jei jan hmu:
marinero (m)	သင်္ဘောသား	thin: bo: dha:
marino (m)	သင်္ဘောသား	thin: bo: dha:
tripulación (f)	သင်္ဘောအမှုထမ်းအဖွဲ့	thin: bo: ahmu. htan: ahpwe.
contramaestre (m)	ရေတပ်အရာရှိငယ်	jei da' aja shi. nge
grumete (m)	သင်္ဘောသားကလေး	thin: bo: dha: galei:
cocinero (m) de abordo	ထမင်းချက်	htamin: gje'
médico (m) del buque	သင်္ဘောဆရာဝန်	thin: bo: zaja wun
cubierta (f)	သင်္ဘောကုန်းပတ်	thin: bo: koun: ba'
mástil (m)	ရွက်တိုင်	jwe' tai'
vela (f)	ရွက်	jwe'
bodega (f)	ဝမ်းတွင်း	wan: twin:
proa (f)	ဦးစွန်း	u: zun:
popa (f)	ပဲ့ပိုင်း	pe. bain:
remo (m)	လှော်တက်	hlo de'
hélice (f)	သင်္ဘောပန်ကာ	thin: bo: ban ga
camarote (m)	သင်္ဘောပေါ်မှအခန်း	thin: bo: bo hma. aksan:
sala (f) de oficiales	အရာရှိများရိပ်သာ	aja shi. mja: jin dha
sala (f) de máquinas	စက်ခန်း	se' khan:
puente (m) de mando	ကွပ်ကဲခန်း	ku' ke: khan:
sala (f) de radio	ရေဒီယိုခန်း	rei di jou gan:
onda (f)	လှိုင်း	hlain:
cuaderno (m) de bitácora	မှတ်တမ်းစာအုပ်	hma' tan: za ou'
anteojo (m)	အဝေးကြည့်မှန်ပြောင်း	awei: gji. hman bjaun:
campana (f)	ခေါင်းလောင်း	gaun: laun:

bandera (f)	အလံ	alan
cabo (m) (maroma)	သင်္ဘောသုံးလွန်ကြိုး	thin: bo: dhaun: lun gjou:
nudo (m)	ကြိုးထုံး	kjou: htoun:

pasamano (m)	လက်ရန်း	le' jan
pasarela (f)	သင်္ဘောကုန်းပေါင်	thin: bo: koun: baun

ancla (f)	ကျောက်ဆူး	kjau' hsu:
levar ancla	ကျောက်ဆူးနုတ်သည်	kjau' hsu: nou' te
echar ancla	ကျောက်ချသည်	kjau' cha. de
cadena (f) del ancla	ကျောက်ဆူးကြိုး	kjau' hsu: kjou:

puerto (m)	ဆိပ်ကမ်း	hsi' kan:
embarcadero (m)	သင်္ဘောဆိပ်	thin: bo: zei'
amarrar (vt)	ဆိုက်ကပ်သည်	hseu' ka' de
desamarrar (vt)	စွန့်ပစ်သည်	sun. bi' de

viaje (m)	ခရီးထွက်ခြင်း	khaji: htwe' chin:
crucero (m) (viaje)	အပျော်ခရီး	apjo gaji:
derrota (f) (rumbo)	ဦးတည်ရာ	u: ti ja
itinerario (m)	လမ်းကြောင်း	lan: gjaun:

canal (m) navegable	သင်္ဘောရေကြောင်း	thin: bo: jei gjaun:
bajío (m)	ရေတိမ်ပိုင်း	jei dein bain:
encallar (vi)	ကမ်းကပ်သည်	kan ka' te

tempestad (f)	မုန်တိုင်း	moun dain:
señal (f)	အချက်ပြ	ache' pja.
hundirse (vr)	နစ်မြုပ်သည်	ni' mjou' te
¡Hombre al agua!	လူရေထဲကျ	lu jei de: gja
SOS	အက်စ်အိုအက်စ်	e's o e's
aro (m) salvavidas	အသက်ကယ်ဘော	athe' kai bo

108. El aeropuerto

aeropuerto (m)	လေဆိပ်	lei zi'
avión (m)	လေယာဉ်	lei jan
compañía (f) aérea	လေကြောင်း	lei gjaun:
controlador (m) aéreo	လေကြောင်းထိန်း	lei kjaun: din:

despegue (m)	ထွက်ခွာရာ	htwe' khwa ja
llegada (f)	ဆိုက်ရောက်ရာ	hseu' jau' ja
llegar (en avión)	ဆိုက်ရောက်သည်	hsai' jau' te

hora (f) de salida	ထွက်ခွာချိန်	htwe' khwa gjein
hora (f) de llegada	ဆိုက်ရောက်ချိန်	hseu' jau' chein

retrasarse (vr)	နောက်ကျသည်	nau' kja. de
retraso (m) de vuelo	လေယာဉ်နောက်ကျခြင်း	lei jan nau' kja. chin:

pantalla (f) de información	လေယာဉ်ခရီးစဉ်ပြဘုတ်	lei jan ga. ji: zi bja. bou'
información (f)	သတင်းအချက်အလက်	dhadin: akje' ale'
anunciar (vt)	ကြေငြာသည်	kjei nja de
vuelo (m)	ပျံသန်းမှု	pjan dan: hmu.

aduana (f)	အကောက်ဆိပ်	akau' hsein
aduanero (m)	အကောက်ခွန်အရာရှိ	akau' khun aja shi.
declaración (f) de aduana	အကောက်ခွန်ကြေညာချက်	akau' khun gjei nja gje'
rellenar (vt)	လျှောက်လွှာဖြည့်သည်	shau' hlwa bji. de
rellenar la declaración	သည့်ယပုစ္စလ်းစာရင်းကြေညာသည်	the ju pji' si: zajin: kjei nja de
control (m) de pasaportes	ပတ်စ်ပို့ထိန်းချုပ်မှု	pa's pou. htein: gju' hmu.
equipaje (m)	ဝန်စည်စလာည်	wun zi za. li
equipaje (m) de mano	လက်ဆွဲပစ္စည်း	le' swe: pji' si:
carrito (m) de equipaje	ပစ္စည်းတင်သည့်လှည်း	pji' si: din dhe. hle:
aterrizaje (m)	ဆင်းသက်ခြင်း	hsin: dha' chin:
pista (f) de aterrizaje	အဆင်းလမ်း	ahsin: lan:
aterrizar (vi)	ဆင်းသက်သည်	hsin: dha' te
escaleras (f pl) (de avión)	လေယာည်လှေကား	lei jan hlei ka:
facturación (f) (check-in)	စာရင်းသွင်းခြင်း	sajin: dhwin: gjin:
mostrador (m) de facturación	စာရင်းသွင်းကောင်တာ	sajin: gaun da
hacer el check-in	စာရင်းသွင်းသည်	sajin: dhwin: de
tarjeta (f) de embarque	လေယာည်ပေါ် တက်ခွင့်လက်မှတ်	lei jan bo de' khwin. le' hma'
puerta (f) de embarque	လေယာည်ထွက်ရှာရာဂိတ်	lei jan dwe' khwa ja gei'
tránsito (m)	အကူးအပြောင်း	aku: apjaun:
esperar (aguardar)	စောင့်သည်	saun. de
zona (f) de preembarque	ထွက်ရှာရာခန်းမ	htwe' kha ja gan: ma.
despedir (vt)	လိုက်ပို့သည်	lai' bou. de
despedirse (vr)	နှုတ်ဆက်သည်	hnou' hsei' te

Acontecimentos de la vida

fiesta (f)	ပျော်ပွဲရှင်ပွဲ	pjo bwe: shin bwe:
fiesta (f) nacional	အမျိုးသားနေ့	amjou: dha: nei.
día (m) de fiesta	ပွဲတော်ရက်	pwe: do je'
celebrar (vt)	အထိမ်းအမှတ်အဖြစ်ကျင်း ပသည်	a htin: ahma' ahpja' kjin: ba. de
evento (m)	အဖြစ်အပျက်	a hpji' apje'
medida (f)	အစီအစဉ်	asi asin
banquete (m)	ဂုဏ်ပြုစားပွဲ	goun bju za: bwe:
recepción (f)	ဧည့်ကြိုနေရာ	e. gjou nei ja
festín (m)	စားသောက်ဧည့်ခံပွဲ	sa: thau' e. gan bwe:
aniversario (m)	နှစ်ပတ်လည်	hni' ba' le
jubileo (m)	ရာဘု	jadu.
Año (m) Nuevo	နှစ်သစ်ကူး	hni' thi' ku:
¡Feliz Año Nuevo!	ပျော်ရွှင်ဖွယ်နှစ်သစ်ကူး ဖြစ်ပါစေ	pjo shin bwe: hni' ku: hpji' ba zei
Papá Noel (m)	ခရစ္စမတ်ဘိုးဘိုး	khari' sa. ma' bou: bou:
Navidad (f)	ခရစ္စမတ်ပွဲတော်	khari' sa. ma' pwe: do
¡Feliz Navidad!	မယ်ရီခရစ္စမတ်	me ji kha. ji' sa. ma'
árbol (m) de Navidad	ခရစ္စမတ်သစ်ပင်	khari' sa. ma' thi' pin
fuegos (m pl) artificiales	မီးရှူးမီးပန်း	mi: shu: mi: ban:
boda (f)	မင်္ဂလာဆောင်ပွဲ	min ga. la zaun bwe:
novio (m)	သတို့သား	dhadou. tha:
novia (f)	သတို့သမီး	dhadou. thami:
invitar (vt)	ဖိတ်သည်	hpi' de
tarjeta (f) de invitación	ဖိတ်စာကဒ်	hpi' sa ka'
invitado (m)	ဧည့်သည်	e. dhe
visitar (vt) (a los amigos)	အိမ်လည်သွားသည်	ein le dhwa: de
recibir a los invitados	ဧည့်သည်ကြိုဆိုသည်	e. dhe gjou zou de
regalo (m)	လက်ဆောင်	le' hsaun
regalar (vt)	ပေးသည်	pei: de
recibir regalos	လက်ဆောင်ရသည်	le' hsaun ja. de
ramo (m) de flores	ပန်းစည်း	pan: ze:
felicitación (f)	ဂုဏ်ပြုခြင်း	goun bju chin:
felicitar (vt)	ဂုဏ်ပြုသည်	goun bju de
tarjeta (f) de felicitación	ဂုဏ်ပြုကဒ်	goun bju ka'
enviar una tarjeta	ပို့စ်ကဒ်ပေးသည်	pou. s ka' pei: de

recibir una tarjeta	ပို့စ်ကတ်လက်ခံရရှိသည်	pou. s ka' le' khan ja. shi. de
brindis (m)	ဆုတောင်းဂုဏ်ပြုခြင်း	hsu. daun: goun pju. gjin:
ofrecer (~ una copa)	ကျွေးသည်	kjwei: de
champaña (f)	ရှန်ပိန်	shan pein

divertirse (vr)	ပျော်ရွှင်သည်	pjo shwin de
diversión (f)	ပျော်ရွှင်မှု	pjo shwin hmu
alegría (f) (emoción)	ပျော်ရွှင်ခြင်း	pjo shwin gjin:

baile (m)	အက	aka.
bailar (vi, vt)	ကသည်	ka de

vals (m)	ဝေါ့ဇ်အက	wo. z aka.
tango (m)	တန်ဂိုအက	tan gou aka.

110. Los funerales. El entierro

cementerio (m)	သချ်ုင်း	thin gjain:
tumba (f)	အုတ်ဂူ	ou' gu
cruz (f)	လက်ဝါးကပ်တိုင်အမှတ်အသား	le' wa: ka' tain ahma' atha:
lápida (f)	အုတ်ဂူကျောက်တုံး	ou' gu kjau' toun.
verja (f)	ခြံစည်းရိုး	chan zi: jou:
capilla (f)	ဝတ်ပြုဆုတောင်းရာနေရာ	wa' pju. u. daun: ja nei ja

muerte (f)	သေခြင်းတရား	thei gjin: daja:
morir (vi)	ကွယ်လွန်သည်	kwe lun de
difunto (m)	ကွယ်လွန်သူ	kwe lun dhu
luto (m)	ဝမ်းနည်းကြေကွဲခြင်း	wan: ne: gjei gwe gjin:

enterrar (vt)	မြေမြှုပ်သဂြိုလ်သည်	mjei hmjou' dha. gjoun de
funeraria (f)	အသုဘရှုန်နေရာ	athu. ba. shu. jan nei ja
entierro (m)	ဈာပန	za ba. na.

corona (f) funeraria	ပန်းဆွေ	pan gwei
ataúd (m)	ခေါင်း	gaun:
coche (m) fúnebre	နိဗ္ဗာန်ယာဉ်	nei' ban jan
mortaja (f)	လူသေပတ်သည့်အဝတ်စ	lu dhei ba' the. awa' za.

cortejo (m) fúnebre	အသုဘယာဉ်တန်း	athu. ba. in dan:
urna (f) funeraria	အရိုးအအိုး	ajain: bja ou:
crematorio (m)	မီးသဂြိုလ်ရုံ	mi: dha. gjoun joun

necrología (f)	နာရေးသတင်း	na jei: dha. din:
llorar (vi)	ငိုသည်	ngou de
sollozar (vi)	ရှိုက်ငိုသည်	shai' ngou de

111. La guerra. Los soldados

sección (f)	တပ်စု	ta' su.
compañía (f)	တပ်ခွဲ	ta' khwe:
regimiento (m)	တပ်ရင်း	ta' jin:
ejército (m)	တပ်မတော်	ta' mado

español	birmano	transcripción
división (f)	တိုင်းအဆင့်	tain: ahsin.
destacamento (m)	အထူးစစ်သားအဖွဲ့ငယ်	a htu: za' tha: ahpwe. nge
hueste (f)	စစ်တပ်ဖွဲ့	si' ta' hpwe.
soldado (m)	စစ်သား	si' tha:
oficial (m)	အရာရှိ	aja shi.
soldado (m) raso	တပ်သား	ta' tha:
sargento (m)	တပ်ကြပ်ကြီး	ta' kja' kji:
teniente (m)	ဗိုလ်	bou
capitán (m)	ဗိုလ်ကြီး	bou gji
mayor (m)	ဗိုလ်မှူး	bou hmu:
coronel (m)	ဗိုလ်မှူးကြီး	bou hmu: gji:
general (m)	ဗိုလ်ချုပ်	bou gjou'
marino (m)	ရေတပ်သား	jei da' tha:
capitán (m)	ဗိုလ်ကြီး	bou gji
contramaestre (m)	သင်္ဘောအရာရှိငယ်	thin: bo: aja shi. nge
artillero (m)	အမြောက်တပ်သား	amjau' thin de.
paracaidista (m)	လေထီးခုန်စစ်သား	lei di: goun zi' tha:
piloto (m)	လေယာဉ်မှူး	lei jan hmu:
navegador (m)	လေကြောင်းပြ	lei gjaun: bja.
mecánico (m)	စက်ပြင်ဆရာ	se' pjin zaja
zapador (m)	မိုင်းရှင်းသူ	main: shin: dhu
paracaidista (m)	လေထီးခုန်သူ	lei di: goun dhu
explorador (m)	ကင်းထောက်	kin: dau'
francotirador (m)	လက်ဖြောင့်စစ်သား	le' hpaun. zi' tha:
patrulla (f)	လှည့်ကင်း	hle. kin:
patrullar (vi, vt)	ကင်းလှည့်သည်	kin: hle. de
centinela (m)	ကင်းသမား	kin: dhama:
guerrero (m)	စစ်သည်	si' te
patriota (m)	မျိုးချစ်သူ	mjou: gji dhu
héroe (m)	သူရဲကောင်း	thu je: kaun:
heroína (f)	အမျိုးသမီးလှ	amjou: dhami: lu
	စွမ်းကောင်း	swan: gaun:
traidor (m)	သစ္စာဖောက်	thi' sabau'
traicionar (vt)	သစ္စာဖောက်သည်	thi' sabau' te
desertor (m)	စစ်ပြေး	si' pjei:
desertar (vi)	စစ်တပ်မှထွက်ပြေးသည်	si' ta' hma. dwe' pjei: de
mercenario (m)	ကြေးစားစစ်သား	kjei: za za' tha:
recluta (m)	တပ်သားသစ်	ta' tha: dhi'
voluntario (m)	မိမိဆန္ဒ	mi. mi. i zan da.
	အရစ်ထိုဝင်သူ	aja. zi' hte: win dhu
muerto (m)	တိုက်ပွဲကျသူ	tai' pwe: gja dhu
herido (m)	ဒဏ်ရာရသူ	dan ja ja. dhu
prisionero (m)	စစ်သုံ့ပန်း	si' thoun. ban:

112. La guerra. El ámbito militar. Unidad 1

guerra (f)	စစ်ပွဲ	si' pwe:
estar en guerra	စစ်ပွဲပါဝင်ဆင်နွှဲသည်	si' pwe: ba win zin hnwe: de
guerra (f) civil	ပြည်တွင်းစစ်	pji dwin: zi'
pérfidamente (adv)	သစ္စာဖောက်သွေဘိလျက်	thi' sabau' thwei bi le'
declaración (f) de guerra	စစ်ကြေညာခြင်း	si' kjei nja gjin:
declarar (~ la guerra)	ကြေညာသည်	kjei nja de
agresión (f)	ကျူးကျော်ရန်စမှု	kju: gjo jan za. hmu.
atacar (~ a un país)	တိုက်ခိုက်သည်	tai' khai' te
invadir (vt)	ကျူးကျော်ဝင်ရောက်သည်	kju: gjo win jau' te
invasor (m)	ကျူးကျော်ဝင်ရောက်သူ	kju: gjo win jau' thu
conquistador (m)	အောင်နိုင်သူ	aun nain dhu
defensa (f)	ကာကွယ်ရေး	ka gwe ei:
defender (vt)	ကာကွယ်သည်	ka gwe de
defenderse (vr)	ခုခံကာကွယ်သည်	khu. gan ga gwe de
enemigo (m), adversario (m)	ရန်သူ	jan dhu
enemigo (m)	ရန်သူ	jan dhu
adversario (m)	ပြိုင်ဘက်	pjain be'
enemigo (adj)	ရန်သူ	jan dhu
estrategia (f)	မဟာဗျူဟာ	maha bju ha
táctica (f)	ဗျူဟာ	bju ha
orden (f)	အမိန့်	amin.
comando (m)	အမိန့်	amin.
ordenar (vt)	အမိန့်ပေးသည်	amin. bei: de
misión (f)	ရည်မှန်းချက်	ji hman: gje'
secreto (adj)	လျှို့ဝှက်သော	shou. hwe' te.
batalla (f)	တိုက်ပွဲငယ်	tai' pwe: nge
combate (m)	တိုက်ပွဲ	tai' pwe:
ataque (m)	တိုက်စစ်	tai' si'
asalto (m)	တဟုန်ထိုးတိုက်ခိုက်ခြင်း	tahoun
tomar por asalto	တရှက်းတိုက်ခိုက်သည်	tara gjan: dai' khai' te
asedio (m), sitio (m)	ဝန်းရံလုပ်ကြံခြင်း	wun: jan lou' chan gjin:
ofensiva (f)	ထိုးစစ်	htou: zi'
tomar la ofensiva	ထိုးစစ်ဆင်နွှဲသည်	htou: zi' hsin hnwe: de
retirada (f)	ဆုတ်ခွာခြင်း	hsou' khwa gjin
retirarse (vr)	ဆုတ်ခွာသည်	hsou' khwa de
envolvimiento (m)	ဝန်းရံပိတ်ဆို့ထားခြင်း	wun: jan bei' zou. da: chin:
cercar (vt)	ဝန်းရံပိတ်ဆို့ထားသည်	wun: jan bei' zou. da: de
bombardeo (m)	ဗုံးကြဲရခြင်း	boun: gje: gja. gjin:
lanzar una bomba	ဗုံးကြဲရသည်	boun: gje: gja. de
bombear (vt)	ဗုံးကြဲတိုက်ခိုက်သည်	boun: gje: dai' khai' te
explosión (f)	ပေါက်ကွဲမှု	pau' kwe: hmu.

tiro (m), disparo (m)	ပစ်ချက်	pi' che'
disparar (vi)	ပစ်သည်	pi' te
tiro (m) (de artillería)	ပစ်ခတ်ခြင်း	pi' che' chin:

apuntar a …	ပစ်မှတ်ချိန်သည်	pi' hma' chein de
encarar (apuntar)	ချိန်ရွယ်သည်	chein jwe de
alcanzar (el objetivo)	ပစ်မှတ်ထိသည်	pi' hma' hti. de

hundir (vt)	နစ်မြုပ်သည်	ni' mjou' te
brecha (f) (~ en el casco)	အပေါက်	apau'
hundirse (vr)	နစ်မြုပ်သည်	hni' hmjou' te

frente (m)	ရှေ့တန်း	shei. dan:
evacuación (f)	စစ်ဘေးရှောင်ခြင်း	si' bei: shaun gjin:
evacuar (vt)	စစ်ဘေးရှောင်သည်	si' bei: shaun de

trinchera (f)	ကတုတ်ကျင်း	gadou kjin:
alambre (m) de púas	သံဆူးကြိုး	than zu: gjou:
barrera (f) (~ antitanque)	အတားအဆီး	ata: ahsi:
torre (f) de vigilancia	မျှော်စင်	hmjo zin

hospital (m)	ရှေ့တန်းစစ်ဆေးရုံ	shei. dan: zi' zei: joun
herir (vt)	ဒဏ်ရာရသည်	dan ja ja. de
herida (f)	ဒဏ်ရာ	dan ja
herido (m)	ဒဏ်ရာရသူ	dan ja ja. dhu
recibir una herida	ဒဏ်ရာရစေသည်	dan ja ja. zei de
grave (herida)	ပြင်းထန်သော	pjin: dan dho:

113. La guerra. El ámbito militar. Unidad 2

cautiverio (m)	သုံ့ပန်း	thoun. ban:
capturar (vt)	သုံ့ပန်းအဖြစ်ဖမ်းသည်	thoun. ban: ahpji' hpan: de
estar en cautiverio	သုံ့ပန်းဖြစ်သွားသည်	thoun. ban: bji' thwa: de
caer prisionero	သုံ့ပန်းအဖြစ် အဖမ်းခံရသည်	thoun. ban: ahpji' ahpan: gan ja. de

campo (m) de concentración	ညှင်းပန်းနှိပ်စက်ရာစခန်း	hnjin: ban: nei ze' ja za. gan:
prisionero (m)	စစ်သုံ့ပန်း	si' thoun. ban:
escapar (de cautiverio)	လွတ်မြောက်သည်	lu' mjau' te

traicionar (vt)	သစ္စာဖောက်သည်	thi' sabau' te
traidor (m)	သစ္စာဖောက်သူ	thi' sabau' thu
traición (f)	သစ္စာဖောက်မှု	thi' sabau' hmu.

| fusilar (vt) | ပစ်သတ်ကွပ်မျက်ခံရသည် | pi' tha' ku' mje' khan ja. de |
| fusilamiento (m) | ပစ်သတ်ကွပ်မျက်ခြင်း | pi' tha' ku' mje' chin: |

equipo (m) (uniforme, etc.)	ပစ္စည်းကိရိယာများ	pji' si: gi. ji. ja mja:
hombrera (f)	ပခုံးဘားတန်း	pakhoun: ba: dan:
máscara (f) antigás	ဓာတ်ငွေ့ကာမျက်နှာဖုံး	da' ngwei. ga mje' na boun:

radio transmisor (m)	ရေဒီယိုစက်ကွင်း	rei di jou ze' kwin:
cifra (f) (código)	လျှို့ဝှက် ကုဒ်သင်္ကေတ	shou. hwe' kou' dha
conspiración (f)	လျှို့ဝှက်ခြင်း	shou hwe' chin:

contraseña (f)	စကားဝှက်	zaga: hwe'
mina (f) terrestre	မြေမြှုပ်မိုင်း	mjei hmja' main:
minar (poner minas)	မိုင်းထောင်သည်	main: daun de
campo (m) minado	မိုင်းမြေ	main: mjei
alarma (f) aérea	လေကြောင်းအွန္တရာယ်သ	lei kjan: an da. ja dha.
	တိပေးခြိုသွာ	di. bei: nja. o. dhan
alarma (f)	သတိပေးခေါင်းလောင်းသံ	dhadi. pei: gaun: laun: dhan
señal (f)	အချက်ပြ	ache' pja.
cohete (m) de señales	အချက်ပြမီးကျည်	ache' pja. mi: gji
estado (m) mayor	ဌာနချုပ်	hta. na. gjou'
reconocimiento (m)	ထောက်လှမ်းခြင်း	htau' hlan: gjin:
situación (f)	အခြေအနေ	achei anei
informe (m)	အစီရင်ခံစာ	asi jin gan za
emboscada (f)	ချုံခိုတိုက်ခိုက်ခြင်း	choun gou dai' khai' chin:
refuerzo (m)	စစ်ကူ	si' ku
blanco (m)	ပစ်မှတ်	pi' hma'
terreno (m) de prueba	လေ့ကျင့်ရေးကွင်း	lei. kjin. jei: gwin:
maniobras (f pl)	စစ်ရေးလေ့ကျင့်မှု	si' jei: lei. gjin. hmu.
pánico (m)	ထိပ်ထိပ်ပြာပြာဖြစ်ခြင်း	htei' htei' pja bja bji' chin:
devastación (f)	ကြီးစွာသောအပျက်အစီး	kji: zwa dho apje' asi:
destrucciones (f pl)	အပျက်အစီး	apje' asi:
destruir (vt)	ဖျက်ဆီးသည်	hpje' hsi: de
sobrevivir (vi, vt)	အသက်ရှင်ကျန်ရစ်သည်	athe' shin kjin ja' te
desarmar (vt)	လက်နက်သိမ်းသည်	le' ne' thain de
manejar (un arma)	ကိုင်တွယ်သည်	kain dwe de
¡Firmes!	သတိ	thadi.
¡Descanso!	သက်သာ	the' tha
hazaña (f)	စွန့်စားမှု	sun. za: hmu.
juramento (m)	ကျမ်းသစ္စာ	kjan: thi' sa
jurar (vt)	ကျမ်းသစ္စာဆိုသည်	kjan: thi' sa hsou de
condecoración (f)	တန်ဆာဆင်မှု	tan za zin hmu.
condecorar (vt)	ဆုတံဆိပ်ချီးမြှင့်သည်	hsu. dazei' chi: hmjin. de
medalla (f)	ဆုတံဆိပ်	hsu. dazei'
orden (m) (~ de Merito)	ဘွဲ့တံဆိပ်	bwe. dan zi'
victoria (f)	အောင်ပွဲ	aun bwe:
derrota (f)	အရှုံး	ashoun:
armisticio (m)	စစ်ရပ်ဆိုင်းသတော	si' ja' hsain: dhabo:
	တ္ပည်မှု	du nji hmu.
bandera (f)	စ	san
gloria (f)	ထင်ပေါ်ကျော်ကြားမှု	htin bo gjo gja: hmu.
desfile (m) militar	စစ်ရေးပြ	si' jei: bja.
marchar (desfilar)	စစ်ရေးပြသည်	si' jei: bja. de

114. Las armas

arma (f)	လက်နက်	le' ne'
arma (f) de fuego	မီးပွင့်သေနတ်	mi: bwin. dhei na'
arma (f) blanca	ဓါးအမျိုးမျိုး	da: mjou: mjou:
arma (f) química	ဓာတုလက်နက်	da tu. le' ne'
nuclear (adj)	နျူကလီးယား	nju ka. li: ja:
arma (f) nuclear	နျူကလီးယားလက်နက်	nju ka. li: ja: le' ne'
bomba (f)	ဗုံး	boun:
bomba (f) atómica	အက်တမ်ဗုံး	e' tan boun:
pistola (f)	ပစ္စတို	pji' sa. tou
fusil (m)	ရိုင်ဖယ်	jain be
metralleta (f)	မောင်းပြန်သေနတ်	maun: bjan dhei na'
ametralladora (f)	စက်သေနတ်	se' thei na'
boca (f)	ပြောင်းဝ	pjaun: wa.
cañón (m) (del arma)	ပြောင်း	pjaun:
calibre (m)	သေနတ်ပြောင်းအရျင်း	thei na' pjan: achin:
gatillo (m)	လလုတ်	khalou'
alza (f)	ချိန်ရွက်	chein kwe'
cargador (m)	ကျည်ကပ်	kji ke'
culata (f)	သေနတ်ဒင်	thei na' din
granada (f) de mano	လက်ပစ်ဗုံး	le' pi' boun:
explosivo (m)	ပေါက်ကွဲစေသောပစ္စည်း	pau' kwe: zei de. bji' si:
bala (f)	ကျည်ဆံ	kji. zan
cartucho (m)	ကျည်ဆံ	kji. zan
carga (f)	ကျည်ထိုးခြင်း	kji dou: gjin:
pertrechos (m pl)	ခဲယမ်းမီးကျောက်	khe: jan: mi: kjau'
bombardero (m)	ဗုံးကြဲလေယာဉ်	boun: gje: lei jin
avión (m) de caza	တိုက်လေယာဉ်	tai' lei jan
helicóptero (m)	ရဟတ်ယာဉ်	jaha' jan
antiaéreo (m)	လေယာဉ်ပစ်စက်သေနတ်	lei jan pi' ze' dhei na'
tanque (m)	တင့်ကား	tin. ga:
cañón (m) (de un tanque)	တင့်အပြောက်	tin. amjau'
artillería (f)	အပြောက်	amjau'
cañón (m) (arma)	ရှေးခေတ်အပြောက်	shei: gi' amjau'
dirigir (un misil, etc.)	ချိန်ရွယ်သည်	chein jwe de
mortero (m)	စိန်ပြောင်း	sein bjaun:
bomba (f) de mortero	စိန်ပြောင်းကျည်	sein bjaun: gji
obús (m)	အပြောက်ဆံ	amjau' hsan
trozo (m) de obús	ဗုံးစ	boun: za
submarino (m)	ရေအောက်နှင့်ဆိုင်သော	jei au' hnin. zain de.
torpedo (m)	တော်ပီဒို	to pi dou
misil (m)	ဒုံး	doun:

cargar (pistola)	ကျည်ထိုးသည်	kji dou: de
tirar (vi)	သေနတ်ပစ်သည်	thei na' pi' te
apuntar a ...	ချိန်သည်	chein de
bayoneta (f)	လှံစွပ်	hlan zu'

espada (f) (duelo a ~)	ဓားဝိယာဓားရှည်	ra pi ja da: shei
sable (m)	စစ်သုံးဓားရှည်	si' thoun: da shi
lanza (f)	လှံ	hlan
arco (m)	လေး	lei:
flecha (f)	မြား	mja:
mosquete (m)	ပြောင်းချောသေနတ်	pjaun: gjo: dhei na'
ballesta (f)	ဒူးလေး	du: lei:

115. Los pueblos antiguos

primitivo (adj)	ရှေးဦးကာလ	shei: u: ga la.
prehistórico (adj)	သမိုင်းမတိုင်မီကာလ	thamain: ma. dain mi ga la.
antiguo (adj)	ရှေးကျသော	shei: gja. de

Edad (f) de Piedra	ကျောက်ခေတ်	kjau' khi'
Edad (f) de Bronce	ကြေးခေတ်	kjei: gei'
Edad (f) de Hielo	ရေခဲခေတ်	jei ge: gei'

tribu (f)	မျိုးနွယ်စု	mjou: nwe zu.
caníbal (m)	လူသားစားလူရိုင်း	lu dha: za: lu jain:
cazador (m)	မုဆိုး	mou' hsou:
cazar (vi, vt)	အမဲလိုက်သည်	ame: lai' de
mamut (m)	အမွေးရှည်ဆင်ကြီးတစ်မျိုး	ahmwei shei zin kji: ti' mjou:

caverna (f)	ဂူ	gu
fuego (m)	မီး	mi:
hoguera (f)	မီးပုံ	mi: boun
pintura (f) rupestre	နံရံဆေးရေးပန်းချီ	nan jan zei: jei: ban: gji

herramienta (f), útil (m)	ကိရိယာ	ki. ji. ja
lanza (f)	လှံ	hlan
hacha (f) de piedra	ကျောက်ပုဆိန်	kjau' pu. hsain
estar en guerra	စစ်ပွဲတွင်ပါဝင်ဆင် နွှဲသည်	si' pwe: dwin ba win zin hnwe: de
domesticar (vt)	ယဉ်ပါးစေသည်	jin ba: zei de

ídolo (m)	ရုပ်တု	jou' tu
adorar (vt)	ကိုးကွယ်သည်	kou: kwe de
superstición (f)	အယူသီမှုခြင်း	aju dhi: gjin:
rito (m)	ရိုးရာထုံးတမ်းဓလေ့	jou: ja doun: dan: da lei.

evolución (f)	ဆင့်ကဲဖြစ်စဉ်	hsin. ke: hpja' sin
desarrollo (m)	ဖွံ့ဖြိုးတိုးတက်မှု	hpjun. bjou: dou: de' hmu.
desaparición (f)	ပျောက်ကွယ်ခြင်း	pjau' kwe gjin
adaptarse (vr)	နေသားကျရန်ပြင်ဆင်သည်	nei dha: gja. jan bjin zin de

arqueología (f)	ရှေးဟောင်းသုတေသန	shei: haun
arqueólogo (m)	ရှေးဟောင်းသုတေသ နပညာရှင်	shei: haun thu. dei dha. na. bji nja shin

arqueológico (adj)	ရေးဟောင်းသုတေသ နဆိုင်ရာ	shei: haun thu. dei dha. na. zain ja
sitio (m) de excavación	တူးဖော်ရာနေရာ	tu: hpo ja nei ja
excavaciones (f pl)	တူးဖော်မှုလုပ်ငန်း	tu: hpo hmu. lou' ngan:
hallazgo (m)	တွေ့ရှိချက်	twei. shi. gje'
fragmento (m)	အပိုင်းအစ	apain: asa.

116. La Edad Media

pueblo (m)	လူမျိုး	lu mjou:
pueblos (m pl)	လူမျိုး	lu mjou:
tribu (f)	မျိုးနွယ်စု	mjou: nwe zu.
tribus (f pl)	မျိုးနွယ်စုများ	mjou: nwe zu. mja:

bárbaros (m pl)	အရိုင်းအစိုင်းများ	ajou: asain: mja:
galos (m pl)	ဂေါလ်လူမျိုးများ	go l lu mjou: mja:
godos (m pl)	ဂေါ့တ်လူမျိုးများ	go. t lu mjou: mja:
eslavos (m pl)	စလေဗ်လူမျိုးများ	sala' lu mjou: mja:
vikingos (m pl)	ဗိုက်ကင်းလူမျိုး	bai' kin: lu mjou:

| romanos (m pl) | ရောမလူမျိုး | ro: ma. lu mjou: |
| romano (adj) | ရောမနှင့်ဆိုင်သော | ro: ma. hnin. zain de |

bizantinos (m pl)	ဘိုင်ဇင်တိုင်လူမျိုးများ	bain zin dain lu mjou: mja:
Bizancio (m)	ဘိုင်ဇင်တိုင်အင်ပါယာ	bain zin dain in ba ja
bizantino (adj)	ဘိုင်ဇင်တိုင်နှင့်ဆိုင်သော	bain zin dain hnin. zain de.

emperador (m)	ဧကရာဇ်	ei gaja'
jefe (m)	ခေါင်းဆောင်	gaun: zaun
poderoso (adj)	အင်အားကြီးသော	in a: kji: de.
rey (m)	ဘုရင်	ba. jin
gobernador (m)	အုပ်ချုပ်သူ	ou' chou' thu

caballero (m)	ဆာဘွဲ့ ရသူရဲကောင်း	hsa bwe. ja. dhu je gaun:
señor (m) feudal	မြေရှင်ပဒေသရာဇ်	mjei shin badei dhaja'
feudal (adj)	မြေရှင်ပဒေသရာဇ် စနစ်နှင့်ဆိုင်သော	mjei shin badei dhaja' sani' hnin. zain de.
vasallo (m)	မြေကျွန်	mjei gjun

duque (m)	မြို့စားကြီး	mjou: za: gji:
conde (m)	မြိုတိသူများ မတ်သူရဲကောင်း	bri ti sha hmu: ma' thu je: gaun:
barón (m)	ဘယ်ရွန် အမတ်	be jwan ama'
obispo (m)	ဘုန်းတော်ကြီး	hpoun do: gji:

armadura (f)	ချပ်ဝတ်တန်ဆာ	cha' wu' tan za
escudo (m)	ဒိုင်း	dain:
espada (f) (danza de ~s)	ဓား	da:
visera (f)	စစ်မျက်နှာကာ	si' mje' na ga
cota (f) de malla	သံဇကောချပ်ဝတ်တန်ဆာ	than za. ga gja' wu' tan za

cruzada (f)	ခရူးလိုက်ဘာသာရေးစစ်ပွဲ	kha ju: zei' ba dha jei: zi' pwe
cruzado (m)	ခရူးထိုက်တိုက်ပွဲဝင်သူ	kha ju: zei' dai' bwe: win dhu
territorio (m)	နယ်မြေ	ne mjei

atacar (~ a un país)	တိုက်ခိုက်သည်	tai' khai' te
conquistar (vt)	သိမ်းပိုက်စိုးမိုးသည်	thain: bou' sou: mou: de
ocupar (invadir)	သိမ်းပိုက်သည်	thain:

asedio (m), sitio (m)	ဝန်းရံလုပ်ကြံခြင်း	wun: jan lou' chan gjin:
sitiado (adj)	ဝန်းရံလုပ်ကြံရသော	wun: jan lou' chan gan ja. de.
asediar, sitiar (vt)	ဝန်းရံလုပ်ကြံသည်	wun: jan lou' chan de

inquisición (f)	ကာသိုလိပ်ဘုရားကျောင်း တရားစီရင်အဖွဲ့	ka tho li' bou ja: gjan: ta. ja: zi jin ahpwe.
inquisidor (m)	စစ်ကြောမေးမြန်းသူ	si' kjo: mei: mjan: dhu
tortura (f)	ညှဉ်းပန်းနှိပ်စက်ခြင်း	hnjin: ban: hnei' se' chin:
cruel (adj)	ရက်စက်ကြမ်းကြုတ်သော	je' se' kjan: gjou' te.
hereje (m)	ဒိဌိ	di hti
herejía (f)	မိစ္ဆာဒိဌိ	mei' hsa dei' hti.

navegación (f) marítima	ပင်လယ်ပျော်	pin le bjo
pirata (m)	ပင်လယ်ဓားပြ	pin le da: bja.
piratería (f)	ပင်လယ်ဓားပြတိုက်ခိုက်ခြင်း	pin le da: bja. tai' chin:
abordaje (m)	လှေကုန်းပတ်ပေါ် တိုက်ခိုက်ခြင်း	hlei goun: ba' po dou' hpou' chin:
botín (m)	တိုက်ခိုက်ရရှိသောပစ္စည်း	tai' khai' ja. shi. dho: pji' si:
tesoros (m pl)	ရတနာ	jadana

descubrimiento (m)	ရှေးဝမ်းရှာဖွေခြင်း	su: zan: sha bwei gjin
descubrir (tierras nuevas)	ရှေးဝမ်းရှာဖွေသည်	su: zan: sha bwei de
expedición (f)	ရှေးဝမ်းလေ့လာရေးခရီး	su: zan: lei. la nei: khaji:

mosquetero (m)	ပြောင်းရှောသေနတ် ကိုင်စစ်သား	pjaun: gjo: dhei na' kain si' tha:
cardenal (m)	ရှေးဖျန်းခရစ်ယာန် ဘုန်းတော်ကြီး	jei bjan: khaji' jan boun: do gji:
heráldica (f)	မျိုးရိုးဘွဲ့တံဆိပ် များလေ့လိုက်လာခြင်းပညာ	mjou: jou: bwe. dan zai' mja: lei. la gjin: pi nja
heráldico (adj)	မျိုးရိုးပညာလေ့လာခြင်း နှင့်ဆိုင်သော	mjou: pi nja lei. la gjin: hnin. zain de.

rey (m)	ဘုရင်	ba jin
reina (f)	ဘုရင်မ	ba jin ma.
real (adj)	ဘုရင်နှင့်ဆိုင်သော	ba. jin hnin. zain de
reino (m)	ဘုရင်အုပ်ချုပ်သောနိုင်ငံ	ba jin au' chou' dho nin gan

príncipe (m)	အိမ်ရှေ့ မင်းသား	ein shei. min: dha:
princesa (f)	မင်းသမီး	min: dhami:

presidente (m)	သမ္မတ	thamada.
vicepresidente (m)	ဒုသမ္မတ	du. dhamada.
senador (m)	ဆီနိတ်လွှတ်တော်အမတ်	hsi nei' hlwa' do: ama'

monarca (m)	သက်ဦးဆံပိုင်	the'
gobernador (m)	အုပ်ချုပ်သူ	ou' chou' thu
dictador (m)	အာဏာရှင်	a na shin

113

| tirano (m) | ဒိနိပ်ချုပ်ချယ်သူ | hpana' chou' che dhu |
| magnate (m) | လုပ်ငန်းရှင်သူဌေးကြီး | lou' ngan: shin dhu dei: gji: |

director (m)	ညွှန်ကြားရေးမှူး	hnjun gja: jei: hmu:
jefe (m)	အကြီးအကဲ	akji: ake:
gerente (m)	မန်နေဂျာ	man nei gji
amo (m)	အကြီးအကဲ	akji: ake:
dueño (m)	ပိုင်ရှင်	pain shin

jefe (m), líder (m)	ခေါင်းဆောင်	gaun: zaun
jefe (m) (~ de delegación)	အဖွဲ့ခေါင်းဆောင်	ahpwe. gaun: zaun:
autoridades (f pl)	အာဏာပိုင်အဖွဲ့	a na bain ahpwe.
superiores (m pl)	အထက်လူကြီးများ	a hte' lu gji: mja:

gobernador (m)	ပြည်နယ်အုပ်ချုပ်ရေးမှူး	pji ne ou' chou' jei: hmu:
cónsul (m)	ကောင်စစ်ဝန်	kaun si' wun
diplomático (m)	သံတမန်	than taman.
alcalde (m)	မြို့တော်ဝန်	mjou. do wun
sheriff (m)	နယ်မြေတာဝန်ခံ ရဲအရာရှိ	ne mjei da wun gan je: aja shi.

emperador (m)	ဧကရာဇ်	ei gaja'
zar (m)	အဘုရင်	za bou jin
faraón (m)	ရှေးအီဂျစ်နိုင်ငံဘုရင်	shei: i gji' nain ngan bu. jin
jan (m), kan (m)	ခန်	khan

118. Violar la ley. Los criminales. Unidad 1

bandido (m)	ဓားပြ	damja.
crimen (m)	ရာဇဝတ်မှု	raza. wu' hma.
criminal (m)	ရာဇဝတ်သား	raza. wu' tha:

ladrón (m)	သူခိုး	thu khou:
robar (vt)	ခိုးသည်	khou: de
robo (m)	ခိုးမှု	khou: hmu
robo (m) (actividad)	ခိုးခြင်း	khou: chin:
robo (m) (hurto)	သူခိုး	thu khou:

secuestrar (vt)	ပြန်ပေးဆွဲသည်	pjan bei: zwe: de
secuestro (m)	ပြန်ပေးဆွဲခြင်း	pjan bei: zwe: gjin:
secuestrador (m)	ပြန်ပေးသမား	pjan bei: dhama:

| rescate (m) | ပြန်ရွေးငွေ | pjan jwei: ngwei |
| exigir un rescate | ပြန်ပေးဆွဲသည် | pjan bei: zwe: de |

robar (vt)	ဓားပြတိုက်သည်	damja. tai' te
robo (m)	လုယက်မှု	lu. je' hmu.
atracador (m)	လုယက်သူ	lu. je' dhu

extorsionar (vt)	ခြိမ်းခြောက်ပြီးငွေညှစ်သည်	chein: gjau' pji: ngwe hnji' te
extorsionista (m)	ခြိမ်းခြောက်ငွေညှစ်သူ	chein: gjau' ngwe hnji' thu
extorsión (f)	ခြိမ်းခြောက်ပြီးငွေညှစ်ခြင်း	chein: gjau' pji: ngwe hnji' chin:
matar, asesinar (vt)	သတ်သည်	tha' te

asesinato (m)	လူသတ်မှု	lu dha' hmu.
asesino (m)	လူသတ်သမား	lu dha' thama:
tiro (m), disparo (m)	ပစ်ချက်	pi' che'
disparar (vi)	ပစ်သည်	pi' te
matar (a tiros)	ပစ်သတ်သည်	pi' tha' te
tirar (vi)	ပစ်သည်	pi' te
tiroteo (m)	ပစ်ချက်	pi' che'
incidente (m)	ဆူပူမှု	hsu. bu hmu.
pelea (f)	ရန်ပွဲ	jan bwe:
¡Socorro!	ကူညီပါ	ku nji ba
víctima (f)	ရန်ပြုခံရသူ	jab bju. gan ja. dhu
perjudicar (vt)	ဖျက်ဆီးသည်	hpje' hsi: de
daño (m)	အပျက်အစီး	apje' asi:
cadáver (m)	အလောင်း	alaun:
grave (un delito ~)	စိုးရိမ်ဖွယ်ဖြစ်သော	sou: jein bwe bji' te.
atacar (vt)	တိုက်ရိုက်သည်	tai' khai' te
pegar (golpear)	ရိုက်သည်	jai' te
apporear (vt)	ရိုက်သည်	jai' te
quitar (robar)	ယူသည်	ju de
acuchillar (vt)	ထိုးသတ်သည်	htou: dha' te
mutilar (vt)	သေရာပါအက်ရာရစေသည်	thei ja ba dan ja ja. zei de
herir (vt)	ဒဏ်ရာရသည်	dan ja ja. de
chantaje (m)	ခြိမ်းခြောက်ငွေညှစ်ခြင်း	chein: gjau' ngwe hnji' chin:
hacer chantaje	ခြိမ်းခြောက်ငွေညှစ်သည်	chein: gjau' ngwe hnji' te
chantajista (m)	ခြိမ်းခြောက်ငွေညှစ်သူ	chein: gjau' ngwe hnji' thu
extorsión (f)	ရာဇဝတ်ဝိုက်ဆွက်ကြေးကောက်ခြင်း	raza. wu' goun: hse' kjei: gau' chin:
extorsionador (m)	လက်ဖြက်းတောင်း-ရာ ဇဝတ်ဝိုက်း	hse' kjei: daun: ra za. wu' gain:
gángster (m)	လူဆိုးဝိုက်ဝင်	lu zou: gain: win
mafia (f)	မာဖီးယားဝိုက်း	ma bi: ja: gain:
carterista (m)	ခါးဝိုက်နှိုက်	kha: bai' hnai'
ladrón (m) de viviendas	ဖောက်ထွင်းသူခိုး	hpau' htwin: dhu gou:
contrabandismo (m)	မှောင်ခို	hmaun gou
contrabandista (m)	မှောင်ခိုသမား	hmaun gou dhama:
falsificación (f)	လိမ်လည်အတုပြုမှု	lein le atu. bju hmu.
falsificar (vt)	အတုလုပ်သည်	atu. lou' te
falso (falsificado)	အတု	atu.

119. Violar la ley. Los criminales. Unidad 2

violación (f)	မုဒိမ်းမှု	mu. dein: hmu.
violar (vt)	မုဒိန်းကျင့်သည်	mu. dein: gjin. de
violador (m)	မုဒိမ်းကျင့်သူ	mu. dein: gjin. dhu
maniaco (m)	အရူး	aju:
prostituta (f)	ပြည့်တန်ဆာ	pjei. dan za

115

| prostitución (f) | ပြည့်တန်ဆာမှု | pjei. dan za hmu. |
| chulo (m), proxeneta (m) | ဖာခေါင်း | hpa gaun: |

| drogadicto (m) | ဆေးစွဲသူ | hsei: zwe: dhu |
| narcotraficante (m) | မူးယစ်ဆေးရောင်းဝယ်သူ | mu: ji' hsei: jaun we dhu |

hacer explotar	ပေါက်ကွဲသည်	pau' kwe: de
explosión (f)	ပေါက်ကွဲမှု	pau' kwe: hmu.
incendiar (vt)	မီးရှို့သည်	mi: shou. de
incendiario (m)	မီးရှို့မှုကျူးလွန်သူ	mi: shou. hmu. gju: lun dhu

terrorismo (m)	အကြမ်းဖက်ဝါဒ	akjan: be' wa da.
terrorista (m)	အကြမ်းဖက်သမား	akjan: be' tha. ma:
rehén (m)	ဓားစာခံ	daza gan

estafar (vt)	လိမ်လည်သည်	lein le de
estafa (f)	လိမ်လည်မှု	lein le hmu.
estafador (m)	လူလိမ်	lu lein

sobornar (vt)	လာဘ်ထိုးသည်	la' htou: de
soborno (m) (delito)	လာဘ်ပေးလာဘ်ယူ	la' pei: la' thu
soborno (m) (dinero, etc.)	လာဘ်	la'

veneno (m)	အဆိပ်	ahsei'
envenenar (vt)	အဆိပ်ခတ်သည်	ahsei' kha' te
envenenarse (vr)	အဆိပ်သောက်သည်	ahsei' dhau' te

| suicidio (m) | မိမိကိုယ်မိမိ သတ်သေခြင်း | mi. mi. kou mi. mi. dha' thei gjin: |
| suicida (m, f) | မိမိကိုယ်မိမိ သတ်သေသူ | mi. mi. kou mi. mi. dha' thei dhu |

amenazar (vt)	ခြိမ်းခြောက်သည်	chein: gjau' te
amenaza (f)	ခြိမ်းခြောက်မှု	chein: gjau' hmu.
atentar (vi)	လုပ်ကြံသည်	lou' kjan de
atentado (m)	လုပ်ကြံခြင်း	lou' kjan gjin:

| robar (un coche) | ခိုးသည် | khou: de |
| secuestrar (un avión) | လေယာဉ်အပိုင်စီးသည် | lei jan apain zi: de |

| venganza (f) | လက်စားရေခြင်း | le' sa: gjei gjin: |
| vengar (vt) | လက်စားရေသည် | le' sa: gjei de |

torturar (vt)	ညှဉ်းပန်းနှိပ်စက်သည်	hnjin: ban: hnei' se' te
tortura (f)	ညှဉ်းပန်းနှိပ်စက်ခြင်း	hnjin: ban: hnei' se' chin:
atormentar (vt)	နှိပ်စက်သည်	hnei' se' te

pirata (m)	ပင်လယ်ဓားပြ	pin le da: bja.
gamberro (m)	လမ်းသဲ	lan: dhaje:
armado (adj)	လက်နက်ကိုင်ဆောင်သော	le' ne' kain zaun de.

| violencia (f) | ရက်စက်ကြမ်းကြုတ်မှု | je' se' kjan: gjou' hmu. |
| ilegal (adj) | တရားမဝင်သော | taja: ma. win de. |

| espionaje (m) | သူလျှိုလုပ်ခြင်း | thu shou lou' chin: |
| espiar (vi, vt) | သူလျှိုလုပ်သည် | thu shou lou' te |

120. La policía. La ley. Unidad 1

| justicia (f) | တရားမျှတမှု | taja: hmja. ta. hmu. |
| tribunal (m) | တရားရုံး | taja: joun: |

juez (m)	တရားသူကြီး	taja: dhu gji:
jurados (m pl)	ဂျူရီအဖွဲ့ဝင်များ	gju ji ahpwe. win mja:
tribunal (m) de jurados	ဂျူရီလူကြီးအဖွဲ့	gju ji lu gji: ahpwe.
juzgar (vt)	တရားစီရင်သည်	taja: zi jin de

abogado (m)	ရှေ့နေ	shei. nei
acusado (m)	တရားပြိုင်	taja: bjain
banquillo (m) de los acusados	တရားရုံးဝတ်ရုံ	taja: joun: we' khjan

| inculpación (f) | စွပ်စွဲခြင်း | su' swe: chin: |
| inculpado (m) | တရားစွဲခံရသော | taja: zwe: gan ja. de. |

| sentencia (f) | စီရင်ချက် | si jin gje' |
| sentenciar (vt) | စီရင်ချက်ချသည် | si jin gje' cha. de |

culpable (m)	တရားခံ	tajakhan
castigar (vt)	ပြစ်ဒဏ်ပေးသည်	pji' dan bei: de
castigo (m)	ပြစ်ဒဏ်	pji' dan

multa (f)	ဒဏ်ငွေ	dan ngwei
cadena (f) perpetua	တစ်သက်တစ်ကျွန်းပြစ်ဒဏ်	ti' te' ti' kjun: bji' dan
pena (f) de muerte	သေဒဏ်	thei dan
silla (f) eléctrica	လျှပ်စစ်ထိုင်ခုံ	hlja' si' dain boun
horca (f)	ကြိုးစင်	kjou: zin

| ejecutar (vt) | ကွပ်မျက်သည် | ku' mje' te |
| ejecución (f) | ကွပ်မျက်ခြင်း | ku' mje' gjin |

| prisión (f) | ထောင် | htaun |
| celda (f) | အကျဉ်းခန်း | achou' khan: |

escolta (f)	အစောင့်အကြပ်	asaun. akja'
guardia (m) de prisiones	ထောင်စောင့်	htaun zaun.
prisionero (m)	ထောင်သား	htaun dha:

| esposas (f pl) | လက်ထိပ် | le' htei' |
| esposar (vt) | လက်ထိပ်ခတ်သည် | le' htei' kha' te |

escape (m)	ထောင်ဖောက်ပြေးခြင်း	htaun bau' pjei: gjin:
escaparse (vr)	ထောင်ဖောက်ပြေးသည်	htaun bau' pjei: de
desaparecer (vi)	ပျောက်ကွယ်သည်	pjau' kwe de
liberar (vt)	ထောင်မှလွှတ်သည်	htaun hma. lu' te
amnistía (f)	လွတ်ငြိမ်းချမ်းသာခွင့်	lu' njein: gjan: dha gwin.

policía (f) (~ nacional)	ရဲ	je:
policía (m)	ရဲအရာရှိ	je: aja shi.
comisaría (f) de policía	ရဲစခန်း	je: za. gan:
porra (f)	သံတုတ်	than dou'
megáfono (m)	လက်ကိုင်စပီကာ	le' kain za. bi ka
coche (m) patrulla	ကင်းလှည့်ကား	kin: hle. ka:

sirena (f)	အချက်ပေးညှိုသံ	ache' pei: ou' o: dhan
poner la sirena	အချက်ပေးညှိုသွဲ့သည်	ache' pei: ou' o: zwe: de
sonido (m) de sirena	အချက်ပေးညှိုသွဲ့သံ	ache' pei: ou' o: zwe: dhan
escena (f) del delito	အခင်းဖြစ်ပွဲ့ရာနေရာ	achin: hpji' pwa: ja nei ja
testigo (m)	သက်သေ	the' thei
libertad (f)	လွှတ်လပ်မှု	lu' la' hmu.
cómplice (m)	ကြံရာပါ	kjan ja ba
escapar de …	ပုန်းသည်	poun: de
rastro (m)	ခြေရာ	chei ja

búsqueda (f)	ဝရမ်းရှာဖွေခြင်း	wajan: sha bwei gjin:
buscar (~ el criminal)	ရှာသည်	sha de
sospecha (f)	မသက်ာမှု	ma, dhin ga hmu.
sospechoso (adj)	သံသယဖြစ်ဖွယ် ကောင်းသော	than thaja. bji' hpwe gaun: de.
parar (~ en la calle)	ရပ်သည်	ja' te
retener (vt)	ထိန်းသိမ်းထားသည်	htein: dhein: da: de
causa (f) (~ penal)	အမှု	ahmu.
investigación (f)	စုံစမ်းစစ်ဆေးခြင်း	soun zan: zi' hsei: gjin:
detective (m)	စုံထောက်	soun dau'
investigador (m)	အလွတ်စုံထောက်	alu' zoun htau'
versión (f)	အဆိုကြမ်း	ahsou gjan:
motivo (m)	စေ့ဆော်မှု	sei. zo hmu.
interrogatorio (m)	စစ်ကြောမှု	si' kjo: hmu.
interrogar (vt)	စစ်ကြာသည်	si' kjo: de
interrogar (al testigo)	မေးမြန်းသည်	mei: mjan: de
control (m) (de vehículos, etc.)	စစ်ဆေးသည်	si' hsei: de
redada (f)	ဝိုင်းဝန်းမှု	wain: wan: hmu.
registro (m) (~ de la casa)	ရှာဖွေခြင်း	sha hpwei gjin:
persecución (f)	လိုက်လံဖမ်းဆီးခြင်း	lai' lan ban: zi: gjin:
perseguir (vt)	လိုက်သည်	lai' de
rastrear (~ al criminal)	ခြေရာခံသည်	chei ja gan de
arresto (m)	ဖမ်းဆီးခြင်း	hpan: zi: gjin:
arrestar (vt)	ဖမ်းဆီးသည်	hpan: zi: de
capturar (vt)	ဖမ်းမိသည်	hpan: mi. de
captura (f)	သိမ်းခြင်း	thain: gjin:
documento (m)	စာရွက်စာတမ်း	sajwe' zatan:
prueba (f)	သက်သေပြချက်	the' thei pja. gje'
probar (vt)	သက်သေပြသည်	the' thei pja. de
huella (f) (pisada)	ခြေရာ	chei ja
huellas (f pl) digitales	လက်ဗွေရာများ	lei' bwei ja mja:
elemento (m) de prueba	သဲလွန်စ	the: lun za.
coartada (f)	ဆင်ခြေ	hsin gjei
inocente (no culpable)	အပြစ်ကင်းသော	apja' kin: de.
injusticia (f)	မတရားမှု	ma. daja: hmu.

injusto (adj)	မတရားသော	ma. daja: de.
criminal (adj)	ပြုမူကျူးလွန်သော	pju. hmu. gju: lun de.
confiscar (vt)	သိမ်းယူသည်	thein: ju de
narcótico (m)	မူးယစ်ဆေးဝါး	mu: ji' hsei: wa:
arma (f)	လက်နက်	le' ne'
desarmar (vt)	လက်နက်သိမ်းသည်	le' ne' thain de
ordenar (vt)	အမိန့်ပေးသည်	amin. bei: de
desaparecer (vi)	ပျောက်ကွယ်သည်	pjau' kwe de
ley (f)	ဥပဒေ	u. ba. dei
legal (adj)	ဥပဒေနှင့် ညီညွတ်သော	u. ba. dei hnin. nji nju' te.
ilegal (adj)	ဥပဒေနှင့်မညီညွတ်သော	u. ba. dei hnin. ma. nji nju' te.
responsabilidad (f)	တာဝန်ယူခြင်း	ta wun ju gjin:
responsable (adj)	တာဝန်ရှိသော	ta wun shi. de.

LA NATURALEZA

La tierra. Unidad 1

122. El espacio

Español		
cosmos (m)	အာကာသ	akatha.
espacial, cósmico (adj)	အာကာသနှင့်ဆိုင်သော	akatha. hnin zain dho:
espacio (m) cósmico	အာကာသဟင်းလင်းပြင်	akatha. hin: lin: bjin
mundo (m)	ကမ္ဘာ	ga ba
universo (m)	စကြာဝဠာ	sa kja wa. la
galaxia (f)	ကြယ်စုတန်း	kje zu. dan:
estrella (f)	ကြယ်	kje
constelación (f)	ကြယ်နက္ခတ်စု	kje ne' kha' zu.
planeta (m)	ဂြိုဟ်	gjou
satélite (m)	ဂြိုဟ်ငယ်	gjou nge
meteorito (m)	ဥက္ကာခဲ	ou' ka ge:
cometa (m)	ကြယ်တံခွန်	kje dagun
asteroide (m)	ဂြိုဟ်သိမ်ဂြိုဟ်မွှား	gjou dhein gjou hmwa:
órbita (f)	ပတ်လမ်း	pa' lan:
girar (vi)	လည်သည်	le de
atmósfera (f)	လေထု	lei du.
Sol (m)	နေ	nei
sistema (m) solar	နေစကြာဝဠာ	nei ze kja. wala
eclipse (m) de Sol	နေကြတ်ခြင်း	nei gja' chin:
Tierra (f)	ကမ္ဘာလုံး	ga ba loun:
Luna (f)	လ	la.
Marte (m)	အင်္ဂါဂြိုဟ်	in ga gjou
Venus (f)	သောကြာဂြိုဟ်	thau' kja gjou'
Júpiter (m)	ကြာသပတေးဂြိုဟ်	kja dha ba. dei: gjou'
Saturno (m)	စနေဂြိုဟ်	sanei gjou'
Mercurio (m)	ဗုဒ္ဓဟူးဂြိုဟ်	bou' da. gjou'
Urano (m)	ယူရေးနတ်ဂြိုဟ်	ju rei: na' gjou
Neptuno (m)	နက်ပကျွန်းဂြိုဟ်	ne' pa. gjun: gjou
Plutón (m)	ပလူတိုဂြိုဟ်	pa lu tou gjou '
la Vía Láctea	နဂါးငွေ့ကြယ်စုတန်း	na. ga: ngwe. gje zu dan:
la Osa Mayor	မြောက်ပိုင်းဂဏ်ိတ်ဘဲးရှိကြယ်စု	mjau' pain: gajei' be:j gje zu.
la Estrella Polar	ဥဒ္ဓကြယ်	du wan gje
marciano (m)	အင်္ဂါဂြိုဟ်သား	in ga gjou dha:
extraterrestre (m)	အခြားကမ္ဘာဂြိုဟ်သား	apja: ga ba gjou dha

120

| planetícola (m) | ဂြိုဟ်သား | gjou dha: |
| platillo (m) volante | ပန်းကန်ပြားပျံ | bagan: bja: bjan |

nave (f) espacial	အာကာသယာဉ်	akatha. jin
estación (f) orbital	အာကာသစခန်း	akatha. za khan:
despegue (m)	လွှတ်တင်ခြင်း	hlu' tin gjin:

motor (m)	အင်ဂျင်	in gjin
tobera (f)	နော်ဇယ်	no ze
combustible (m)	လောင်စာ	laun za

carlinga (f)	လေယာဉ်မောင်းအခန်း	lei jan maun akhan:
antena (f)	အင်တန်နာတိုင်	in tan na tain
ventana (f)	ပြတင်း	badin:
batería (f) solar	နေရောင်ခြည်သုံးဘက်ထရီ	nei jaun gje dhoun: ba' hta ji
escafandra (f)	အာကာသဝတ်စုံ	akatha. wu' soun

| ingravidez (f) | အလေးချိန်ကင်းမဲ့ခြင်း | alei: gjein gin: me. gjin: |
| oxígeno (m) | အောက်ဆီဂျင် | au' hsi gjin |

| atraque (m) | အာကာသထဲချိတ်ဆက်ခြင်း | akatha. hte: chei' hse' chin: |
| realizar el atraque | အာကာသထဲချိတ်ဆက်သည် | akatha. hte: chei' hse' te |

observatorio (m)	နက္ခတ်ပျော်စင်	ne' kha' ta. mjo zin
telescopio (m)	အဝေးကြည့်မှန်ပြောင်း	awei: gji. hman bjaun:
observar (vt)	လေ့လာကြည့်ရှုသည်	lei. la kji. hju. de
explorar (~ el universo)	သုတေသနပြုသည်	thu. tei thana bjou de

123. La tierra

Tierra (f)	ကမ္ဘာမြေကြီး	ga ba mjei kji:
globo (m) terrestre	ကမ္ဘာလုံး	ga ba loun:
planeta (m)	ဂြိုဟ်	gjou

atmósfera (f)	လေထု	lei du.
geografía (f)	ပထဝီဝင်	pahtawi win
naturaleza (f)	သဘာဝ	tha. bawa

globo (m) terráqueo	ကမ္ဘာလုံး	ga ba loun:
mapa (m)	မြေပုံ	mjei boun
atlas (m)	မြေပုံစာအုပ်	mjei boun za ou'

| Europa (f) | ဥရောပ | u. jo: pa |
| Asia (f) | အာရှ | a sha. |

| África (f) | အာဖရိက | apha. ri. ka. |
| Australia (f) | သြစတြေးလျ | thja za djei: lja |

América (f)	အမေရိက	amei ji ka
América (f) del Norte	မြောက်အမေရိက	mjau' amei ri. ka.
América (f) del Sur	တောင်အမေရိက	taun amei ri. ka.

| Antártida (f) | အန္တာတိတ် | anta di' |
| Ártico (m) | အာတိတ် | a tei' |

124. Los puntos cardinales

norte (m)	မြောက်အရပ်	mjau' aja'
al norte	မြောက်ဘက်သို့	mjau' be' thou.
en el norte	မြောက်ဘက်မှာ	mjau' be' hma
del norte (adj)	မြောက်အရပ်နှင့်ဆိုင်သော	mjau' aja' hnin. zain de.

sur (m)	တောင်အရပ်	taun aja'
al sur	တောင်ဘက်သို့	taun be' thou.
en el sur	တောင်ဘက်မှာ	taun be' hma
del sur (adj)	တောင်အရပ်နှင့်ဆိုင်သော	taun aja' hnin. zain de.

oeste (m)	အနောက်အရပ်	anau' aja'
al oeste	အနောက်ဘက်သို့	anau' be' thou.
en el oeste	အနောက်ဘက်မှာ	anau' be' hma
del oeste (adj)	အနောက်အရပ်နှင့်ဆိုင်သော	anau' aja' hnin. zain dho:

este (m)	အရှေ့အရပ်	ashei. aja'
al este	အရှေ့ဘက်သို့	ashei. be' hma
en el este	အရှေ့ဘက်မှာ	ashei. be' hma
del este (adj)	အရှေ့အရပ်နှင့်ဆိုင်သော	ashei. aja' hnin. zain de.

125. El mar. El océano

mar (m)	ပင်လယ်	pin le
océano (m)	သမုဒ္ဒရာ	thamou' daja
golfo (m)	ပင်လယ်ကွေ့	pin le gwe.
estrecho (m)	ရေလက်ကြား	jei le' kja:

| tierra (f) firme | ကုန်းမြေ | koun: mei |
| continente (m) | တိုက် | tai' |

isla (f)	ကျွန်း	kjun:
península (f)	ကျွန်းဆွယ်	kjun: zwe
archipiélago (m)	ကျွန်းစု	kjun: zu.

bahía (f)	အော်	o
ensenada, bahía (f)	သင်္ဘောဆိပ်ကမ်း	thin: bo: zei' kan:
laguna (f)	ပင်လယ်ထူးအိုင်	pin le doun: ain
cabo (m)	အငူ	angu

atolón (m)	သန္တာကျောက်တန်းကျွန်းငယ်	than da gjau' tan: gjun: nge
arrecife (m)	ကျောက်တန်း	kjau' tan:
coral (m)	သန္တာကောင်	than da gaun
arrecife (m) de coral	သန္တာကျောက်တန်း	than da gjau' tan:

profundo (adj)	နက်သော	ne' te.
profundidad (f)	အနက်	ane'
abismo (m)	ချောက်နက်ကြီး	chau' ne' kji:
fosa (f) oceánica	မြောင်း	mjaun:

| corriente (f) | စီးကြောင်း | si: gaun: |
| bañar (rodear) | ဝိုင်းသည် | wain: de |

| orilla (f) | ကမ်းစပ် | kan: za' |
| costa (f) | ကမ်းခြေ | kan: gjei |

flujo (m)	ရေတက်	jei de'
reflujo (m)	ရေကျ	jei gja.
banco (m) de arena	သောင်စွယ်	thaun zwe
fondo (m)	ကြမ်းပြင်	kan: pjin

ola (f)	လှိုင်း	hlain:
cresta (f) de la ola	လှိုင်းခေါင်းဖျူ	hlain: gaun: bju.
espuma (f)	အမြှုပ်	a hmjou'

tempestad (f)	မုန်တိုင်း	moun dain:
huracán (m)	ဟာရီကိန်းမုန်တိုင်း	ha ji gain: moun dain:
tsunami (m)	ဆူနာမီ	hsu na mi
bonanza (f)	ရေသေ	jei dhei
calmo, tranquilo	ငြိမ်သက်အေးဆေးသော	njein dhe' ei: zei: de.

| polo (m) | ဝင်ရိုးစွန်း | win jou: zun |
| polar (adj) | ဝင်ရိုးစွန်းနှင့်ဆိုင်သော | win jou: zun hnin. zain de. |

latitud (f)	လတ္တီတွဒ်	la' ti. tu'
longitud (f)	လောင်ဂျီတွဒ်	laun gji twa'
paralelo (m)	လတ္တီတွဒ်မျဉ်း	la' ti. tu' mjin:
ecuador (m)	အီကွေတာ	i kwei: da

cielo (m)	ကောင်းကင်	kaun: gin
horizonte (m)	မိုးကုပ်စက်ဝိုင်း	mou kou' se' wain:
aire (m)	လေထု	lei du.

faro (m)	မီးပြတိုက်	mi: bja dai'
bucear (vi)	ရေငုပ်သည်	jei ngou' te
hundirse (vr)	ရေမြုပ်သည်	jei mjou' te
tesoros (m pl)	ရတနာ	jadana

126. Los nombres de los mares y los océanos

océano (m) Atlántico	အတ္တလန်တိတ် သမုဒ္ဒရာ	a' ta. lan ti' thamou' daja
océano (m) Índico	အိန္ဒိယ သမုဒ္ဒရာ	indi. ja thamou. daja
océano (m) Pacífico	ပစိဖိတ် သမုဒ္ဒရာ	pa. si. hpi' thamou' daja
océano (m) Glacial Ártico	အာတိတ် သမုဒ္ဒရာ	a tei' thamou' daja

mar (m) Negro	ပင်လယ်နက်	pin le ne'
mar (m) Rojo	ပင်လယ်နီ	pin le ni
mar (m) Amarillo	ပင်လယ်ဝါ	pin le wa
mar (m) Blanco	ပင်လယ်ဖြူ	pin le bju

mar (m) Caspio	ကက်စပီယန် ပင်လယ်	ke' za. pi jan pin le
mar (m) Muerto	ပင်လယ်သေ	pin le dhe:
mar (m) Mediterráneo	မြေထဲပင်လယ်	mjei hte: bin le

mar (m) Egeo	အေဂီယန်းပင်လယ်	ei gi jan: bin le
mar (m) Adriático	အာဒရီရာတစ်ပင်လယ်	a da yi ya ti' pin le
mar (m) Arábigo	အာရေဘီးယန်း ပင်လယ်	a ra bi: an: bin le

mar (m) del Japón	ဂျပန် ပင်လယ်	gja pan pin le
mar (m) de Bering	ဘယ်ရှင်း ပင်လယ်	be jin: bin le
mar (m) de la China Meridional	တောင်တရုတ်ပင်လယ်	taun dajou' pinle

mar (m) del Coral	ကော်ရယ်လ်ပင်လယ်	ko je l pin le
mar (m) de Tasmania	တက်စမန်းပင်လယ်	te' sa. man: bin le
mar (m) Caribe	ကာရေးဘီးယန်းပင်လယ်	ka rei: bi: jan: bin le

| mar (m) de Barents | ဘာရန့်စ် ပင်လယ် | ba jan's bin le |
| mar (m) de Kara | ကာရာ ပင်လယ် | kara bin le |

mar (m) del Norte	မြောက်ပင်လယ်	mjau' pin le
mar (m) Báltico	ဘော့လ်တစ်ပင်လယ်	bo' l ti' pin le
mar (m) de Noruega	နော်ဝေးရှိယန်း ပင်လယ်	no wei: bin le

127. Las montañas

montaña (f)	တောင်	taun
cadena (f) de montañas	တောင်တန်း	taun dan:
cresta (f) de montañas	တောင်ကြော	taun gjo:

cima (f)	ထိပ်	htei'
pico (m)	တောင်ထွတ်	taun htu'
pie (m)	တောင်ခြေ	taun gjei
cuesta (f)	တောင်စောင်း	taun zaun:

volcán (m)	မီးတောင်	mi: daun
volcán (m) activo	မီးတောင်ရှင်	mi: daun shin
volcán (m) apagado	မီးငြိမ်းတောင်	mi: njein: daun

erupción (f)	မီးတောင်ပေါက်ကွဲခြင်း	mi: daun pau' kwe: gjin:
cráter (m)	မီးတောင်ဝ	mi: daun wa.
magma (m)	ကျောက်ရည်ပူ	kjau' ji bu
lava (f)	ချော်ရည်	cho ji
fundido (lava ~a)	အရည်ပျော်သာ	ajam: bu de.

cañón (m)	တောင်ကြားမျိုးဝှမ်းနက်	taun gja: gjain. hwan: ne'
desfiladero (m)	တောင်ကြား	taun gja:
grieta (f)	အက်ကွဲကြောင်း	e' kwe: gjaun:
precipicio (m)	ချောက်ကမ်းပါး	chau' kan: ba:

puerto (m) (paso)	တောင်ကြားလမ်း	taun gja: lan:
meseta (f)	ကုန်းပြင်မြင့်	koun: bjin mjin:
roca (f)	ကျောက်တောင်	kjau' hsain
colina (f)	တောင်ကုန်း	taun goun:

glaciar (m)	ရေခဲမြစ်	jei ge: mji'
cascada (f)	ရေတံခွန်	jei dan khun
geiser (m)	ရေပူစမ်း	jei bu zan:
lago (m)	ရေကန်	jei gan

| llanura (f) | မြေပြန့် | mjei bjan: |
| paisaje (m) | ရှုခင်း | shu. gin: |

eco (m)	ပဲ့တင်သံ	pe. din than
alpinista (m)	တောင်တက်သမား	taun de' thama:
escalador (m)	ကျောက်တောင်တက်သမား	kjau' taun de dha ma:
conquistar (vt)	အောင်နိုင်သူ	aun nain dhu
ascensión (f)	တောင်တက်ခြင်း	taun de' chin:

128. Los nombres de las montañas

Alpes (m pl)	အဲ့လ်ပ်တောင်	e.lp daun
Montblanc (m)	မောင့်ဘလန်ခ်တောင်	maun. ba. lan. s taun
Pirineos (m pl)	ပိရန်းနီးစ်တောင်	pi jan: ni:s taun
Cárpatos (m pl)	ကာပသီယန်တောင်	ka pa. dhi jan s taun
Urales (m pl)	ယူရယ်တောင်တန်း	ju re daun dan:
Cáucaso (m)	ကော့ကေးဇစ်တောင်တန်း	ko: kei: zi' taun dan:
Elbrus (m)	အယ်ဘရတ်စ်တောင်	e ba. ja's daun
Altai (m)	အယ်လတိုင်တောင်	e la. tain daun
Tian-Shan (m)	တိုင်ယန်ရှန်းတောင်	tain jan shin: daun
Pamir (m)	ပါမီယာတောင်တန်း	pa mi ja daun dan:
Himalayos (m pl)	ဟီမလ္လာတောင်တန်း	hi. ma. wan da daun dan:
Everest (m)	ဧဝရတ်တောင်	ei wa. ja' taun
Andes (m pl)	အန်ဒီတောင်တန်း	an: di daun dan:
Kilimanjaro (m)	ကီလီမန်ဂျာရိုတောင်	ki li man gja gou daun

129. Los ríos

río (m)	မြစ်	mji'
manantial (m)	စမ်း	san:
lecho (m) (curso de agua)	ရေကြောစီးကြောင်း	jei gjo: zi: gjaun:
cuenca (f) fluvial	မြစ်ရိုးဝှမ်း	mji' chain. hwan:
desembocar en ...	စီးဝင်သည်	si: win de
afluente (m)	မြစ်လက်တက်	mji' le' te'
ribera (f)	ကမ်း	kan:
corriente (f)	စီးကြောင်း	si: gaun:
río abajo (adv)	ရေဖုန်	jei zoun
río arriba (adv)	ရေဆန်	jei zan
inundación (f)	ရေကြီးမှု	jei gji: hmu.
riada (f)	ရေလျှံခြင်း	jei shan gjin:
desbordarse (vr)	လျှံသည်	shan de
inundar (vt)	ရေလွှမ်းသည်	jei hlwan: de
bajo (m) arenoso	ရေတိမ်ပိုင်း	jei dein bain:
rápido (m)	ရေအောက်ကျောက်ဆောင်	jei au' kjau' hsaun
presa (f)	ဆည်	hse
canal (m)	တူးမြောင်း	tu: mjaun:
lago (m) artificiale	ရေလှောင်ကန်	jei hlaun gan

125

esclusa (f)	ရေလွှဲပေါက်	jei hlwe: bau'
cuerpo (m) de agua	ရေထု	jei du.
pantano (m)	ရွှံ့ ညွန်	shwan njun
ciénaga (f)	စိမ့်မြေ	sein. mjei
remolino (m)	ရေဝဲ	jei we:

arroyo (m)	ချောင်းကလေး	chaun: galei:
potable (adj)	သောက်ရေ	thau' jei
dulce (agua ~)	ရေချို	jei gjou

| hielo (m) | ရေခဲ | jei ge: |
| helarse (el lago, etc.) | ရေခဲသည် | jei ge: de |

130. Los nombres de los ríos

| Sena (m) | စိန်မြစ် | sein mji' |
| Loira (m) | လော်ရီမြစ် | lo ji mji' |

Támesis (m)	သိမ်းမြစ်	thain: mji'
Rin (m)	ရိုင်းမြစ်	rain: mji'
Danubio (m)	ဒင်နယုမြစ်	din na. ju mji'

Volga (m)	ဗော်လဂါမြစ်	bo la. ga mja'
Don (m)	ဒွန်မြစ်	dun mja'
Lena (m)	လီနာမြစ်	li na mji'

Río (m) Amarillo	မြစ်ဝါ	mji' wa
Río (m) Azul	ရှန်ဇီးမြစ်	jan zi: mji'
Mekong (m)	မဲခေါင်မြစ်	me: gaun mji'
Ganges (m)	ဂင်္ဂါမြစ်	gan ga. mji'

Nilo (m)	နိုင်းမြစ်	nain: mji'
Congo (m)	ကွန်ဂိုမြစ်	kun gou mji'
Okavango (m)	အိုကာဗန်ဂိုမြစ်	ai' hou ban
Zambeze (m)	ဇမ်ဘီဇီးမြစ်	zan bi zi: mji'
Limpopo (m)	လင်ပိုပိုမြစ်	lin po pou mji'
Misisipi (m)	မစ်စစ္စပီမြစ်	mi' si. si. pi. mji'

131. El bosque

| bosque (m) | သစ်တော | thi' to: |
| de bosque (adj) | သစ်တောနှင့်ဆိုင်သော | thi' to: hnin. zain de. |

espesura (f)	ထူထပ်သောတော	htu da' te. do:
bosquecillo (m)	သစ်ပင်အုပ်	thi' pin ou'
claro (m)	တောတွင်းလဟာပြင်	to: dwin: la. ha bjin

| maleza (f) | ချုံပိတ်ပေါင်း | choun bei' paun: |
| matorral (m) | ချုံထူနောင်းတော | choun hta naun: de. |

| senda (f) | လူသွားလမ်းကလေး | lu dhwa: lan: ga. lei: |
| barranco (m) | လျှို | shou |

árbol (m)	သစ်ပင်	thi' pin
hoja (f)	သစ်ရွက်	thi' jwe'
follaje (m)	သစ်ရွက်များ	thi' jwe' mja:
caída (f) de hojas	သစ်ရွက်ကြွေခြင်း	thi' jwe' kjwei gjin:
caer (las hojas)	သစ်ရွက်ကြွေသည်	thi' jwe' kjwei de
cima (f)	အဖျား	ahpja:
rama (f)	အကိုင်းခွဲ	akain: khwe:
rama (f) (gruesa)	ပင်မကိုင်း	pin ma. gain:
brote (m)	အဖူး	ahpu:
aguja (f)	အပ်နှင့်တူသောအရွက်	a' hnin. bu de. ajwe'
piña (f)	ထင်းရှူးသီး	htin: shu: dhi:
agujero (m)	အခေါင်းပေါက်	akhaun: bau'
nido (m)	ငှက်သိုက်	hnge' thai'
tronco (m)	ပင်စည်	pin ze
raíz (f)	အမြစ်	amji'
corteza (f)	သစ်ခေါက်	thi' khau'
musgo (m)	ရေညှိ	jei hnji.
extirpar (vt)	အမြစ်မှထဲ့နုတ်သည်	amji' hma zwe: hna' te
talar (vt)	ခုတ်သည်	khou' te
deforestar (vt)	တောပြုန်းစေသည်	to: bjoun: zei de
tocón (m)	သစ်ငုတ်တို	thi' ngou' tou
hoguera (f)	မီးပုံ	mi: boun
incendio (m) forestal	မီးလောင်ခြင်း	mi: laun gjin:
apagar (~ el incendio)	မီးသတ်သည်	mi: tha' de
guarda (m) forestal	တောခေါင်း	to: gaun:
protección (f)	သစ်တောန်ထမ်း	thi' to: wun dan:
proteger (vt)	ထိန်းသိမ်းစောင့်ရှောက်သည်	htein: dhein: zaun. shau' te
cazador (m) furtivo	ခိုးလူသ	khou: ju dhu
cepo (m)	သံမက်ထောင်ရှောက်	than mani. daun gjau'
recoger (setas)	ဆွတ်သည်	hsu' te
recoger (bayas)	ခူးသည်	khu: de
perderse (vr)	လမ်းပျောက်သည်	lan: bjau' de

132. Los recursos naturales

recursos (m pl) naturales	သဘာဝတ	thajan za da.
recursos (m pl) subterráneos	တွင်းထွက်ပစ္စည်း	twin: htwe' pji' si:
depósitos (m pl)	နုန်း	noun;
yacimiento (m)	ဓါတ်သတ္တုထွက်ရာမြေ	da' tha' tu dwe' ja mjei
extraer (vt)	တူးဖော်သည်	tu: hpo de
extracción (f)	တူးဖော်ခြင်း	tu: hpo gjin:
mena (f)	သတ္တုရိုင်း	tha' tu. jain:
mina (f)	သတ္တုတွင်း	tha' tu. dwin:
pozo (m) de mina	မိုင်းတွင်း	main: dwin:
minero (m)	သတ္တုတွင်း အလုပ်သမား	tha' tu. dwin: alou' thama:

| gas (m) | တာတ်ငွေ့ | da' ngwei. |
| gasoducto (m) | ဓါတ်ငွေ့ပိုက်လိုင်း | da' ngwei. bou' lain: |

petróleo (m)	ရေနံ	jei nan
oleoducto (m)	ရေနံပိုက်လိုင်း	jei nan bou' lain:
pozo (m) de petróleo	ရေနံတွင်း	jei nan dwin:
torre (f) de sondeo	ရေနံစင်	jei nan zin
petrolero (m)	လောင်စာတင်သင်္ဘော	laun za din dhin bo:

arena (f)	သဲ	the:
caliza (f)	ထုံးကျောက်	htoun: gjau'
grava (f)	ကျောက်စရစ်	kjau' sa. ji'
turba (f)	မြေဆွေးခဲ	mjei zwei: ge:
arcilla (f)	မြေစေး	mjei zei:
carbón (m)	ကျောက်မီးသွေး	kjau' mi dhwei:

hierro (m)	သံ	than
oro (m)	ရွှေ	shwei
plata (f)	ငွေ	ngwei
níquel (m)	နီကယ်	ni ke
cobre (m)	ကြေးနီ	kjei: ni

zinc (m)	သွပ်	thu'
manganeso (m)	မင်္ဂနိစ်	ma' ga. ni:s
mercurio (m)	ပြဒါး	bada:
plomo (m)	ခဲ	khe:

mineral (m)	သတ္တုထား	tha' tu. za:
cristal (m)	သလင်းကျောက်	thalin: gjau'
mármol (m)	စကျင်ကျောက်	zagjin kjau'
uranio (m)	ယူရေနီယမ်	ju rei ni jan

La tierra. Unidad 2

133. El tiempo

Español	Birmano	Transliteración
tiempo (m)	ရာသီဥတု	ja dhi nja. tu.
previsión (f) del tiempo	မိုးလေဝသသန်, မှန်းချက်	mou: lei wa. dha. gan. hman: gje'
temperatura (f)	အပူချိန်	apu gjein
termómetro (m)	သာမိုမီတာ	tha mou mi ta
barómetro (m)	လေဖိအားတိုင်းကိရိယာ	lei bi. a: dain: gi. ji. ja
húmedo (adj)	စိုထိုင်းသော	sou htain: de
humedad (f)	စိုထိုင်းမှု	sou htain: hmu.
bochorno (m)	အပူရှိန်	apu shein
tórrido (adj)	ပူလောင်သော	pu laun de.
hace mucho calor	ပူလောင်ခြင်း	pu laun gjin:
hace calor (templado)	နွေးခြင်း	nwei: chin:
templado (adj)	နွေးသော	nwei: de.
hace frío	အေးခြင်း	ei: gjin:
frío (adj)	အေးသော	ei: de.
sol (m)	နေ	nei
brillar (vi)	သာသည်	tha de
soleado (un día ~)	နေသာသော	nei dha de.
elevarse (el sol)	နေထွက်သည်	nei dwe' te
ponerse (vr)	နေဝင်သည်	nei win de
nube (f)	တိမ်	tein
nuboso (adj)	တိမ်ထူသော	tein du de
nubarrón (m)	မိုးတိမ်	mou: dain
nublado (adj)	ညို့ ရှိုင်းသော	njou. hmain: de.
lluvia (f)	မိုး	mou:
está lloviendo	မိုးရွာသည်	mou: jwa de.
lluvioso (adj)	မိုးရွာသော	mou: jwa de.
lloviznar (vi)	မိုးဖွဲဖွဲရွာသည်	mou: bwe: bwe: jwa de
aguacero (m)	သည်းထန်စွာရွာသောမိုး	thi: dan zwa jwa dho: mou:
chaparrón (m)	မိုးပလှန်	mou: bu. zain
fuerte (la lluvia ~)	မိုးသည်းသော	mou: de: de.
charco (m)	ရေအိုင်	jei ain
mojarse (vr)	မိုးမိသည်	mou: mi de
niebla (f)	မြူ	mju
nebuloso (adj)	မြူထူထပ်သော	mju htu hta' te.
nieve (f)	နှင်း	hnin:
está nevando	နှင်းကျသည်	hnin: gja. de

134. Los eventos climáticos severos. Los desastres naturales

tormenta (f)	မိုးသက်မုန်တိုင်း	mou: dhe' moun dain:
relámpago (m)	လျပ်စီး	hlja' si:
relampaguear (vi)	လျပ်ပြက်သည်	hlja' pje' te
trueno (m)	မိုးကြိုး	mou: kjou:
tronar (vi)	မိုးကြိုးပစ်သည်	mou: gjou: pi' te
está tronando	မိုးကြိုးပစ်သည်	mou: gjou: pi' te
granizo (m)	မိုးသီး	mou: dhi:
está granizando	မိုးသီးကြွေသည်	mou: dhi: gjwei de
inundar (vt)	ရေကြီးသည်	jei gji: de
inundación (f)	ရေကြီးမှု	jei gji: hmu.
terremoto (m)	ငလျင်	nga ljin
sacudida (f)	တုန်ခါခြင်း	toun ga gjin:
epicentro (m)	ငလျင်ဗဟိုချက်	nga ljin ba hou che'
erupción (f)	မီးတောင်ပေါက်ကွဲခြင်း	mi: daun pau' kwe: gjin:
lava (f)	ရှေ်ရည်	cho ji
torbellino (m)	လေဆင်နှာမောင်း	lei zin hna maun:
tornado (m)	လေဆင်နှာမောင်း	lei zin hna maun:
tifón (m)	တိုင်ဖွန်းမုန်တိုင်း	tain hpun moun dain:
huracán (m)	ဟာရိကိန်းမုန်တိုင်း	ha ji gain: moun dain:
tempestad (f)	မုန်တိုင်း	moun dain:
tsunami (m)	ဆူနာမိ	hsu na mi
ciclón (m)	ဆိုင်ကလုန်းမုန်တိုင်း	hsain ga. loun: moun dain:
mal tiempo (m)	ဆိုးရွားသောရာသီဥတု	hsou: jwa: de. ja dhi u. tu.
incendio (m)	မီးလောင်ခြင်း	mi: laun gjin:
catástrofe (f)	သောအန္တရာယ်	bei: an daje
meteorito (m)	ဥက္ကာခဲ	ou' ka ge:
avalancha (f)	ရေခဲနှင့်ကျောက်တုံး	jei ge: hnin kjau' toun:
	များဝိုးကျခြင်း	mja: htou: gja. gjin:
alud (m) de nieve	လေဝတိုလ့်ပြီးဖြစ်နေ	lei dou' hpji: bi' nei
	သောနှင်းပုံ	dho: hnin: boun
ventisca (f)	နှင်းမုန်တိုင်း	hnin: moun dain:
nevasca (f)	နှင်းမုန်တိုင်း	hnin: moun dain:

La fauna

carnívoro (m)	သားရဲ့	tha: je:
tigre (m)	ကျား	kja:
león (m)	ခြင်္ဘသဲ့	chin dhei.
lobo (m)	ဝံပုလွေ	wun bu. lwei
zorro (m)	မြေခွေး	mjei gwei:
jaguar (m)	ဂျာဂွာကျားသစ်မျိုး	gja gwa gja: dhi' mjou:
leopardo (m)	ကျားသစ်	kja: dhi'
guepardo (m)	သစ်ကျွတ်	thi' kjou'
pantera (f)	ကျားသစ်နက်	kja: dhi' ne'
puma (f)	ပျူမားတောင်ခြင်္ဘသဲ့	pju. ma: daun gjin dhei.
leopardo (m) de las nieves	ရေခဲတောင်ကျားသစ်	jei ge: daun gja: dhi'
lince (m)	လင့်ကြောင်မြီးတို	lin. gjaun mji: dou
coyote (m)	ဝံပုလွေငယ်တစ်မျိုး	wun bu. lwei nge di' mjou:
chacal (m)	ခွေးအ	khwei: a.
hiena (f)	ဟိုင်းအီးနား	hain i: na:

animal (m)	တိရစ္ဆာန်	tharei' hsan
bestia (f)	ခြေလေးချောင်းသတ္တဝါ	chei lei: gjaun: dhadawa
ardilla (f)	ရှဉ့်	shin.
erizo (m)	ဖြူကောင်	hpju gaun
liebre (f)	တောယုန်ကြီး	to: joun gji:
conejo (m)	ယုန်	joun
tejón (m)	ခွေးတူဝက်တူကောင်	khwei: du we' tu gaun
mapache (m)	ရက်ကွန်းဝံ	je' kwan: wan
hámster (m)	မြီးတိုပါးတွဲကြွက်	mji: dou ba: dwe: gjwe'
marmota (f)	မားမိုတ်ကောင်	ma: mou. t gaun
topo (m)	ပွေး	pwei:
ratón (m)	ကြွက်	kjwe'
rata (f)	မြေကြွက်	mjei gjwe'
murciélago (m)	လင်းနို့	lin: nou.
armiño (m)	အားမင်ကောင်	a: min gaun
cebellina (f)	ဆေဘယ်	hsei be
marta (f)	အသားစားအကောင်ငယ်	atha: za: akaun nge
comadreja (f)	သားစားဖျံ	tha: za: bjan
visón (m)	မင့်ခ်မွေပါ	min kh mjwei ba

| castor (m) | ဖျံကြီးတစ်မျိုး | hpjan gji: da' mjou: |
| nutria (f) | ဖျံ | hpjan |

caballo (m)	မြင်း	mjin:
alce (m)	ဦးချိုပြားသော သမင်ကြီး	u: gjou bja: dho: thamin gji:
ciervo (m)	သမင်	thamin
camello (m)	ကုလားအုတ်	kala: ou'

bisonte (m)	အမေရိကန်ပြောင်	amei ji kan pjaun
uro (m)	အောရက်စ်	o: re' s
búfalo (m)	ကျွဲ	kjwe:

cebra (f)	မြင်းကျား	mjin: gja:
antílope (m)	အပြေးမြန်သော တောဆိတ်	apjei: mjan de. hto: zei'
corzo (m)	ဒရယ်ငယ်တစ်မျိုး	da. je nge da' mjou:
gamo (m)	ဒရယ်	da. je
gamuza (f)	တောင်ဆိတ်	taun zei'
jabalí (m)	တောဝက်ထီး	to: we' hti:

ballena (f)	ဝေလငါး	wei la. nga:
foca (f)	ပင်လယ်ဖျံ	pin le bjan
morsa (f)	ဝါရပ်စ်ဖျံ	wo: ra's hpjan
oso (m) marino	အမွေးပါသောပင် လယ်ဖျံ	amwei: pa dho: bin le hpjan
delfín (m)	လင်းပိုင်	lin: bain

oso (m)	ဝက်ဝံ	we' wun
oso (m) blanco	ပိုလာဝက်ဝံ	pou la we' wan
panda (f)	ပန်ဒါဝက်ဝံ	pan da we' wan

mono (m)	မျောက်	mjau'
chimpancé (m)	ချင်ပင်ဇီမျောက်ဝံ	chin pin zi mjau' wan
orangután (m)	အော်ရန်အူတန်လူဝံ	o ran u tan lu wun
gorila (m)	ဂေါရီလာမျောက်ဝံ	go ji la mjau' wun
macaco (m)	မာကာဂွေမျောက်	ma ga gwei mjau'
gibón (m)	မျောက်လွှဲကျော်	mjau' hlwe: gjo

elefante (m)	ဆင်	hsin
rinoceronte (m)	ကြံ့	kjan.
jirafa (f)	သစ်ကုလားအုတ်	thi' ku. la ou'
hipopótamo (m)	ရေမြင်း	jei mjin:

| canguro (m) | သားပိုက်ကောင် | tha: bai' kaun |
| koala (f) | ကိုအာလာဝက်ဝံ | kou a la we' wun |

mangosta (f)	မွှေပါ	mwei ba
chinchilla (f)	ချင်းချီလာ	chin: chi la
mofeta (f)	စကန့်ခ်ဖျံ	sakan. kh hpjan
espín (m)	ဖြူ	hpju

137. Los animales domésticos

gata (f)	ကြောင်	kjaun
gato (m)	ကြောင်ထီး	kjaun di:
perro (m)	ခွေး	khwei:

caballo (m)	မြင်း	mjin:
garañón (m)	မြင်းထီး	mjin: di:
yegua (f)	မြင်းမ	mjin: ma.

vaca (f)	နွား	nwa:
toro (m)	နွားထီး	nwa: di:
buey (m)	နွားထီး	nwa: di:

oveja (f)	သိုး	thou:
carnero (m)	သိုးထီး	thou: hti:
cabra (f)	ဆိတ်	hsei'
cabrón (m)	ဆိတ်ထီး	hsei' hti:

asno (m)	မြည်း	mji:
mulo (m)	လား	la:

cerdo (m)	ဝက်	we'
cerdito (m)	ဝက်ကလေး	we' ka lei:
conejo (m)	ယုန်	joun

gallina (f)	ကြက်	kje'
gallo (m)	ကြက်ဖ	kje' pha.

pato (m)	ဘဲ	be:
ánade (m)	ဘဲထီး	be: di:
ganso (m)	ဘဲငန်း	be: ngan:

pavo (m)	ကြက်ဆင်	kje' hsin
pava (f)	ကြက်ဆင်	kje' hsin

animales (m pl) domésticos	အိမ်မွေးတိရစ္ဆာန်များ	ein mwei: ti. ji. swan mja:
domesticado (adj)	ယဉ်ပါးသော	jin ba: de.
domesticar (vt)	ယဉ်ပါးစေသည်	jin ba: zei de
criar (vt)	သားပေါက်သည်	tha: bau' te

granja (f)	စိုက်ပျိုးမွေးမြူရေးခြံ	sai' pjou: mwei: mju jei: gjan
aves (f pl) de corral	ကြက်�္ုက်တိရ္ုစ္ဆာန်	kje' ti ji za hsan
ganado (m)	ကျွဲနွားတိရစ္ဆာန်	kjwe: nwa: tarei. zan
rebaño (m)	အုပ်	ou'

caballeriza (f)	မြင်းဇောင်း	mjin: zaun:
porqueriza (f)	ဝက်ခြံ	we' khan
vaquería (f)	နွားတင်းကုပ်	nwa: din: gou'
conejal (m)	ယုန်အိမ်	joun ein
gallinero (m)	ကြက်လှောင်အိမ်	kje' hlaun ein

138. Los pájaros

pájaro (m)	ငှက်	hnge'
paloma (f)	ခို	khou
gorrión (m)	စာကလေး	sa ga, lei;
carbonero (m)	စာဝင်းငှက်	sa wadi: hnge'
urraca (f)	ငှက်ကျား	hnge' kja:
cuervo (m)	ကျီးနက်	kji: ne'

corneja (f)	ကျီးကန်း	kji: kan:
chova (f)	ဥရောပကျီးတစ်မျိုး	u. jo: pa gji: di' mjou:
grajo (m)	ကျီးအ	kji: a.
pato (m)	ဘဲ	be:
ganso (m)	ဘဲငန်း	be: ngan:
faisán (m)	ရစ်ငှက်	ji' hnge'
águila (f)	လင်းယုန်	lin: joun
azor (m)	သိမ်းငှက်	thain: hnge'
halcón (m)	အမဲလိုက်သိမ်းငှက်တစ်မျိုး	ame: lai' thein: hnge' ti' mjou:
buitre (m)	လင်းတ	lin: da.
cóndor (m)	တောင်အမေရိကာလင်းတ	taun amei ri. ka. lin: da.
cisne (m)	ငန်း	ngan:
grulla (f)	ငှက်ကုလား	hnge' ku. la:
cigüeña (f)	ချည်ခင်စွပ်ငှက်	che gin zu' hnge'
loro (m), papagayo (m)	ကြက်တူရွေး	kje' tu jwei:
colibrí (m)	ငှက်ပိတုန်း	hnge' pi. doun:
pavo (m) real	ဥဒေါင်း	u. daun:
avestruz (m)	ငှက်ကုလားအုတ်	hnge' ku. la: ou'
garza (f)	ဟောင်ငှက်	nga hi' hnge'
flamenco (m)	ကြိုးကြာနီ	kjou: kja: ni
pelícano (m)	ငှက်ကြီးဝမ်းဗို	hnge' kji: wun bou
ruiseñor (m)	တေးဆိုငှက်	tei: hsou hnge'
golondrina (f)	ပျံလွှား	pjan hlwa:
tordo (m)	မြေလှူးငှက်	mjei lu: hnge'
zorzal (m)	တေးဆိုမြေလှူးငှက်	tei: hsou mjei lu: hnge'
mirlo (m)	ငှက်မည်း	hnge' mji:
vencejo (m)	ပျံလွှားတစ်မျိုး	pjan hlwa: di' mjou:
alondra (f)	ဘီလုံးငှက်	bi loun: hnge'
codorniz (f)	ငုံး	ngoun:
pájaro carpintero (m)	သစ်တောက်ငှက်	thi' tau' hnge'
cuco (m)	ဥဩငှက်	udhja hnge'
lechuza (f)	ဇီးကွက်	zi: gwe
búho (m)	သိမ်းငှက်အနွယ်ဝင်ဇီးကွက်	thain: hnge' anwe win zi: gwe'
urogallo (m)	ရစ်	ji'
gallo lira (m)	ရစ်နက်	ji' ne'
perdiz (f)	ခါ	kha
estornino (m)	ကျွဲဆက်ရက်	kjwe: hse' je'
canario (m)	စာဝါငှက်	sa wa hnge'
ortega (f)	ရစ်ညို	ji' njou
pinzón (m)	စာကျွဲခေါင်း	sa gjwe: gaun:
camachuelo (m)	စာကျွဲခေါင်းငှက်	sa gjwe: gaun: hngwe'
gaviota (f)	စင်ရော်	sin jo
albatros (m)	ပင်လယ်စင်ရော်ကြီး	pin le zin jo gji:
pingüino (m)	ပင်ဂွင်း	pin gwin:

139. Los peces. Los animales marinos

brema (f)	ငါးကြင်းတစ်မျိုး	nga: gjin: di' mjou
carpa (f)	ငါးကြင်း	nga gjin:
perca (f)	ငါးပြေမတစ်မျိုး	nga: bjei ma. di' mjou:
siluro (m)	ငါးရှ	nga: gu
lucio (m)	ပိုက်ငါး	pai' nga

salmón (m)	ဆော်လမွန်ငါး	hso: la. mun nga:
esturión (m)	စတာဂျင်ငါးကြီးမျိုး	sata gjin nga: gji: mjou:

arenque (m)	ငါးသလောက်	nga: dha. lau'
salmón (m) del Atlántico	ဆော်လမွန်ငါး	hso: la. mun nga:
caballa (f)	မက်ကရယ်ငါး	me' ka. je nga:
lenguado (m)	ဥရောပ ငါးဆွေး လျှာတစ်မျိုး	u. jo: pa nga: gwe: sha di' mjou:

lucioperca (f)	ငါးပြေမအွန္နယ် ဝင်ငါးတစ်မျိုး	nga: bjei ma. anwe win nga: di' mjou:
bacalao (m)	ငါးကြီးဆီထုတ်သောငါး	nga: gji: zi dou' de. nga:
atún (m)	တူနာငါး	tu na nga:
trucha (f)	ထရောက်ငါး	hta. jau' nga:

anguila (f)	ငါးရှဉ့်	nga: shin.
raya (f) eléctrica	ငါးလက်ထု	nga: le' htoun
morena (f)	ငါးရှဉ့်ကြီးတစ်မျိုး	nga: shin. gji: da' mjou:
piraña (f)	အသားစားငါးငယ်တစ်မျိုး	atha: za: nga: nge ti' mjou:

tiburón (m)	ငါးမန်း	nga: man:
delfín (m)	လင်းပိုင်	lin: bain
ballena (f)	ဝေလငါး	wei la. nga:

centolla (f)	ကဏန်း	kanan:
medusa (f)	ငါးဖန်ခွက်	nga: hpan gwe'
pulpo (m)	ရေဘဝဲ	jei ba. we:

estrella (f) de mar	ကြယ်ငါး	kje nga:
erizo (m) de mar	သိပုချုပ်	than ba. gjou'
caballito (m) de mar	ရေနဂါး	jei naga:

ostra (f)	ကမာကောင်	kama kaun
camarón (m)	ပုစွန်	bazun
bogavante (m)	ကျောက်ပုစွန်	kjau' pu. zun
langosta (f)	ကျောက်ပုစွန်	kjau' pu. zun

140. Los anfibios. Los reptiles

serpiente (f)	မြွေ	mwei
venenoso (adj)	အဆိပ်ရှိသော	ahsei' shi. de.

víbora (f)	မြွေပွေး	mwei bwei:
cobra (f)	မြွေဟောက်	mwei hau'
pitón (m)	စပါးအုံးမြွေ	saba: oun: mwei

boa (f)	စပါးကြီးမွေ	saba: gji: mwei
culebra (f)	မြွက်လျောမွေ	mje' sho: mwei
serpiente (m) de cascabel	ခလောက်ဆွဲမွေ	kha. lau' hswe: mwei
anaconda (f)	အနာကွန်ဒါမွေ	ana kun da mwei

lagarto (m)	တွားသွားသတ္တဝါ	twa: dhwa: tha' tawa
iguana (f)	ဖွတ်	hpu'
varano (m)	ပုတ်သင်	pou' thin
salamandra (f)	ရေပုတ်သင်	jei bou' thin
camaleón (m)	ပုတ်သင်ညို	pou' thin njou
escorpión (m)	ကင်းမြီးကောက်	kin: mji: kau'

tortuga (f)	လိပ်	lei'
rana (f)	ဖား	hpa:
sapo (m)	ဖားပြုပ်	hpa: bju'
cocodrilo (m)	မိကျောင်း	mi. kjaun:

141. Los insectos

insecto (m)	ပိုးမွား	pou: hmwa:
mariposa (f)	လိပ်ပြာ	lei' pja
hormiga (f)	ပုရွက်ဆိတ်	pu. jwe' hsei'
mosca (f)	ယင်ကောင်	jin gaun
mosquito (m) (picadura de ~)	ခြင်	chin
escarabajo (m)	ပိုးတောင်မာ	pou: daun ma

avispa (f)	နကျယ်ကောင်	na. gje gaun
abeja (f)	ပျား	pja:
abejorro (m)	ပိတုန်း	pi. doun:
moscardón (m)	မှက်	hme'

araña (f)	ပင့်ကူ	pjin. gu
telaraña (f)	ပင့်ကူအိမ်	pjin gu ein

libélula (f)	ပုစဉ်း	bazin
saltamontes (m)	နကောင်	hnan gaun
mariposa (f) nocturna	ပိုးဖလံ	pou: ba. lan

cucaracha (f)	ပိုးဟပ်	pou: ha'
garrapata (f)	မွား	hmwa:
pulga (f)	သန်း	than:
mosca (f) negra	မှက်အသေးစား	hme' athei: za:

langosta (f)	ကျိုင်းကောင်	kjain: kaun
caracol (m)	ခရု	khaju.
grillo (m)	ပုရစ်	paji'
luciérnaga (f)	ပိုးစုန်းကြူး	pou: zoun: gju:
mariquita (f)	လေဒီဘတ်ပိုးတောင်မာ	lei di ba' pou: daun ma
sanjuanero (m)	အုန်းပိုး	oun: bou:

sanguijuela (f)	မျှော	hmjo.
oruga (f)	ပေါက်ဖက်	pau' hpe'
lombriz (m) de tierra	တီကောင်	ti gaun
larva (f)	ပိုးတုံးလုံး	pou: doun: loun:

La flora

árbol (m)	သစ်ပင်	thi' pin
foliáceo (adj)	ရွက်ပြတ်	jwe' pja'
conífero (adj)	ထင်းရှူးပင်နှင့်ဆိုင်သော	htin: shu: bin hnin. zain de.
de hoja perenne	အဲဘားဂရင်းပင်	e ba: ga rin: bin
manzano (m)	ပန်းသီးပင်	pan: dhi: bin
peral (m)	သစ်တော်ပင်	thi' to bin
cerezo (m)	ချယ်ရီသီးအချိုပင်	che ji dhi: akjou bin
guindo (m)	ချယ်ရီသီးအချဉ်ပင်	che ji dhi: akjin bin
ciruelo (m)	ဆီးပင်	hsi: bin
abedul (m)	ဘုဇပတ်ပင်	bu. za. ba' pin
roble (m)	ဝက်သစ်ချပင်	we' thi' cha. bin
tilo (m)	လင်ဒန်ပင်	lin dan pin
pobo (m)	ပေါ်ပလာပင်တစ်မျိုး	po. pa. la bin di' mjou:
arce (m)	မေပပဲပင်	mei pe bin
pícea (f)	ထင်းရှူးပင်တစ်မျိုး	htin: shu: bin ti' mjou:
pino (m)	ထင်းရှူးပင်	htin: shu: bin
alerce (m)	ကတောာ့ပုံထင်းရှူးပင်	ka dau. boun din: shu: pin
abeto (m)	ထင်းရှူးပင်တစ်မျိုး	htin: shu: bin ti' mjou:
cedro (m)	သစ်ကတိုးပင်	thi' gadou: bin
álamo (m)	ပေါ်ပလာပင်	po. pa. la bin
serbal (m)	ရာအန်ပင်	ra an bin
sauce (m)	မိုးမဂပင်	mou: ma. ga. bin
aliso (m)	အိုင်ဒါပင်	oun da bin
haya (f)	ယင်းသစ်	jin: dhi'
olmo (m)	အမ်ပင်	an bin
fresno (m)	အက်ရှ်အပင်	e' sh apin
castaño (m)	သစ်အယ်ပင်	thi' e
magnolia (f)	တတိုင်းဟွေးပင်	ta tain: hmwei: bin
palmera (f)	ထန်းပင်	htan: bin
ciprés (m)	စိုက်ပရက်စ်ပင်	sai' pa. je's pin
mangle (m)	လမုပင်	la. mu. bin
baobab (m)	ကန္တာရပေါက်ပင်တစ်မျိုး	kan ta ja. bau' bin di' chju:
eucalipto (m)	ယူကလစ်ပင်	ju kali' pin
secoya (f)	ဆီကွိုလာပင်	hsi gwou la pin

mata (f)	ချုံပုတ်	choun bou'
arbusto (m)	ချုံ	choun

vid (f)	စပျစ်	zabji'
viñedo (m)	စပျစ်ခြံ	zabji' chan

frambueso (m)	ရက်စဘယ်ရီ	re' sa be ji
grosellero (m) negro	ဘလက်ကားရန့်	ba. le' ka: jan.
grosellero (m) rojo	အနီရောင်ဘယ်ရီသီး	ani jaun be ji dhi:
grosellero (m) espinoso	ကုလားဆီးဖြူပင်	kala: zi: hpju pin

acacia (f)	အကေရှားပင်	akei sha: bin:
berberís (m)	ဘားဘယ်ရီပင်	ba: be' ji bin
jazmín (m)	စံပယ်ပင်	san be bin

enebro (m)	ဂျူနီပါပင်	gju ni ba bin
rosal (m)	နှင်းဆီချုံ	hnin: zi gjun
escaramujo (m)	တောရိုင်းနှင်းဆီပင်	to: ein: hnin: zi bin

144. Las frutas. Las bayas

fruto (m)	အသီး	athi:
frutos (m pl)	အသီးများ	athi: mja:

manzana (f)	ပန်းသီး	pan: dhi:
pera (f)	သစ်တော်သီး	thi' to dhi:
ciruela (f)	ဆီးသီး	hsi: dhi:

fresa (f)	စတော်ဘယ်ရီသီး	sato be ri dhi:
guinda (f)	ချယ်ရီချင်သီး	che ji gjin dhi:
cereza (f)	ချယ်ရီချိုသီး	che ji gjou dhi:
uva (f)	စပျစ်သီး	zabji' thi:

frambuesa (f)	ရက်စဘယ်ရီ	re' sa be ji
grosella (f) negra	ဘလက်ကားရန့်	ba. le' ka: jan.
grosella (f) roja	အနီရောင်ဘယ်ရီသီး	ani jaun be ji dhi:
grosella (f) espinosa	ကလားဆီးဖြူ	ka. la: his: hpju
arándano (m) agrio	ကရမ်ဘယ်ရီ	ka. jan be ji

naranja (f)	လိမ္မော်သီး	limmo dhi:
mandarina (f)	ပျားလိမ္မော်သီး	pja: lein mo dhi:
piña (f)	နာနတ်သီး	na na' dhi:
banana (f)	ငှက်ပျောသီး	hnge' pjo: dhi:
dátil (m)	စွန်ပလွံသီး	sun palun dhi:

limón (m)	သံပုယိုသီး	than bu. jou dhi:
albaricoque (m)	တရုတ်ဆီးသီး	jau' hsi: dhi:
melocotón (m)	မက်မွန်သီး	me' mwan dhi:

kiwi (m)	ကီဝီသီး	ki wi dhi
toronja (f)	ဂရိတ်ဖရုသီး	ga. ri' hpa. ju dhi:

baya (f)	ဘယ်ရီသီး	be ji dhi:
bayas (f pl)	ဘယ်ရီသီးများ	be ji dhi: mja:
arándano (m) rojo	အနီရောင်ဘယ်ရီသီးတစ်မျိုး	ani jaun be ji dhi: di: mjou:
fresa (f) silvestre	စတော်ဘယ်ရီရိုင်း	sato be ri jain:
arándano (m)	ဘီလ်ဘယ်ရီအသီး	bi' l be ji athi:

145. Las flores. Las plantas

| flor (f) | ပန်း | pan: |
| ramo (m) de flores | ပန်းစည်း | pan: ze: |

rosa (f)	နှင်းဆီပန်း	hnin: zi ban:
tulipán (m)	ကျူးလစ်ပန်း	kju: li' pan:
clavel (m)	ဇော်မွှာပန်း	zo hmwa: bin:
gladiolo (m)	သစ္စာပန်း	thi' sa ban:

aciano (m)	အပြာရောင်တောပန်းတစ်မျိုး	apja jaun dho ban: da' mjou:
campanilla (f)	ခေါင်းရန်အပြာပန်း	gaun: jan: apja ban:
diente (m) de león	တောပန်းအဝါတစ်မျိုး	to: ban: awa ti' mjou:
manzanilla (f)	မွှေရှိုပန်း	mei. mjou. ban:

áloe (m)	ရှားစောင်းလက်ပတ်ပင်	sha: zaun: le' pa' pin
cacto (m)	ရှားစောင်းပင်	sha: zaun: bin
ficus (m)	ရော်ဘာပင်	jo ba bin

azucena (f)	နှင်းပန်း	hnin: ban:
geranio (m)	ကြွေပန်းတစ်မျိုး	kjwei ban: da' mjou:
jacinto (m)	ဗေဒါပန်း	bei da ba:

mimosa (f)	ထိကရုံကြီးပင်	hti. ga. joun: gji: bin
narciso (m)	နားစိထက်စိပင်	na: zi ze's pin
capuchina (f)	တောင်ကြာကလေး	taun gja galei:

orquídea (f)	သစ်ခွပင်	thi' khwa. bin
peonía (f)	စနုပန်း	san dapan:
violeta (f)	ဗိုင်းအိုးလက်	bain: ou le'

trinitaria (f)	ပေါင်ဒါပန်း	paun da ban:
nomeolvides (f)	ခင်မမေ့ပန်း	khin ma. mei. pan:
margarita (f)	ဒေဇီပင်	dei zi bin

amapola (f)	ဘိန်းပင်	bin: bin
cáñamo (m)	ဆေးခြောက်ပင်	hsei: chau' pin
menta (f)	ပူစီနံ	pu zi nan

| muguete (m) | နှင်းပန်းတစ်မျိုး | hnin: ban: di' mjou: |
| campanilla (f) de las nieves | နှင်းခေါင်းလောင်းပန်း | hnin: gaun: laun: ban: |

ortiga (f)	ဖက်ယားပင်	hpe' ja: bin
acedera (f)	မွှော်ရှည်ပင်	hmjo gji bin
nenúfar (m)	ကြာ	kja
helecho (m)	ဖန်းပင်	hpan: bin
liquen (m)	သစ်ကပ်မွှော်	thi' ka' hmo

invernadero (m) tropical	ဖန်လုံအိမ်	hpan ain
césped (m)	မြက်ခင်း	mje' khin:
macizo (m) de flores	ပန်းစိုက်ခင်း	pan: zai' khan:

planta (f)	အပင်	apin
hierba (f)	မြက်	mje'
hoja (f) de hierba	ရှက်ရွှန်း	jwe' chun:

hoja (f)	အရွက်	ajwa'
pétalo (m)	ပွင့်ချပ်	pwin: gja'
tallo (m)	ပင်စည်	pin ze
tubérculo (m)	ဥမြစ်	u. mi'

retoño (m)	အစို့အညှောက်	asou./a hnjau'
espina (f)	ဆူး	hsu:

florecer (vi)	ပွင့်သည်	pwin: de
marchitarse (vr)	ညှိုးနွမ်းသည်	hnjou: nun: de
olor (m)	အနံ့	anan.
cortar (vt)	ရိတ်သည်	jei' te
coger (una flor)	ခူးသည်	khu: de

146. Los cereales, los granos

grano (m)	နံစားပင်တို့၏ အစေ့အဆံ့	hnan za: bin dou. i. asei. ahsan
cereales (m pl) (plantas)	ကောက်ပဲသီးနှံ	kau' pe: dhi: nan
espiga (f)	အနံ့	ahnan

trigo (m)	ဂျုံ	gja. mei: ka:
centeno (m)	ဂျုံရိုင်း	gjoun jain:
avena (f)	မြင်းစားဂျုံ	mjin: za: gjoun
mijo (m)	ကောက်ပဲသီးနှံပင်	kau' pe: dhi: nan bin
cebada (f)	မုယောဝလုံး	mu. jo za. ba:

maíz (m)	ပြောင်းဖူး	pjaun: bu:
arroz (m)	ဆန်စပါး	hsan zaba
alforfón (m)	ပန်းဂျုံ	pan: gjun

guisante (m)	ပဲစေ့	pe: zei.
fréjol (m)	ဗိုလ်စားပဲ	bou za: be:
soya (f)	ပဲပုပ်ပဲ	pe: bou' pe
lenteja (f)	ပဲနီကလေး	pe: ni ga. lei:
habas (f pl)	ပဲအမျိုးမျိုး	pe: amjou: mjou:

LOS PAÍSES. LAS NACIONALIDADES

147. Europa occidental

Europa (f)	ဥရောပ	u. jo: pa
Unión (f) Europea	ဥရောပသမဂ္ဂ	u. jo: pa dha: me' ga.
Austria (f)	သြစတြီးယား	o. sa. tji: ja:
Gran Bretaña (f)	အင်္ဂလန်	angga. lan
Inglaterra (f)	အင်္ဂလန်	angga. lan
Bélgica (f)	ဘယ်လ်ဂျီယံ	be l gji jan
Alemania (f)	ဂျာမန်	gja man
Países Bajos (m pl)	နယ်သာလန်	ne dha lan
Holanda (f)	ဟော်လန်	ho lan
Grecia (f)	ဂရိ	ga. ri.
Dinamarca (f)	ဒိန်းမတ်	dein: ma'
Irlanda (f)	အိုင်ယာလန်	ain ja lan
Islandia (f)	အိုက်စလန်း	ai' sa lan:
España (f)	စပိန်	sapein
Italia (f)	အီတလီ	ita. li
Chipre (m)	ဆိုင်းပရက်စ်	hsu: pa. je' s te.
Malta (f)	မာတာ	ma ta
Noruega (f)	နော်ဝေး	no wei:
Portugal (m)	ပေါ်တူဂီ	po tu gi
Finlandia (f)	ဖင်လန်	hpin lan
Francia (f)	ပြင်သစ်	pjin dhi'
Suecia (f)	ဆွီဒင်	hswi din
Suiza (f)	ဆွစ်ဇာလန်	hswa' za lan
Escocia (f)	စကော့တလန်	sa. ko: talan
Vaticano (m)	ဗာတီကန်	ba di gan
Liechtenstein (m)	ဗာတီကန်လူမျိုး	ba di gan dhu mjo:
Luxemburgo (m)	လူဆန်ဘော့	lju hsan bo.
Mónaco (m)	မိုနာကို	mou na kou

148. Europa central y oriental

Albania (f)	အယ်လ်�‌ဘေးနီးယား	e l bei: ni: ja:
Bulgaria (f)	ဘူလ်ဝေးရီးယား	bou gei: ji: ja
Hungría (f)	ဟန်ဂေရီ	han gei ji
Letonia (f)	လတ်ဗီယန်	la' bi jan
Lituania (f)	လစ်သူနီယံ	li' thu ni jan
Polonia (f)	ပိုလန်	pou lan

Rumania (f)	ရူမေးနီးယား	ru mei: ni: ja:
Serbia (f)	ဆယ်ဗီယံ	hse bi jan.
Eslovaquia (f)	ဆလိုဗာကီယာ	hsa. lou ba ki ja

Croacia (f)	ခရိုအေးရှား	kha. jou ei: sha:
Chequia (f)	ချက်	che'
Estonia (f)	အက်စ်တိုးနီးယား	e's to' ni: ja:

Bosnia y Herzegovina	ဘော့စ်နီးယားနှင့်ဟာ ဇီဂိုဗီနာ	bo'. ni: ja: hnin. ha zi gou bi na
Macedonia	မက်ဆီဒိုးနီးယား	me' hsi: dou: ni: ja:
Eslovenia	ဆလိုဗီနီးယား	hsa. lou bi ni: ja:
Montenegro (m)	မွန်တန်နီဂရို	mun dan ni ga. jou

149. Los países de la antes Unión Soviética

| Azerbaiyán (m) | အာဇာဘိုင်ဂျန်း | a za bain gjin: |
| Armenia (f) | အာမေးနီးယား | a me: ni: ja: |

Bielorrusia (f)	ဘီလာရုစ်	bi la ju'
Georgia (f)	ဂျော်ဂျီယာ	gjo gji ja
Kazajstán (m)	ကာဇက်စတန်	ka ze' satan
Kirguizistán (m)	ကစ်ရ်ဂိကစ္စတန်	ki' ji ki' za. tan
Moldavia (f)	မိုဒိုဗာ	mou dou ja

| Rusia (f) | ရုရှား | ru. sha: |
| Ucrania (f) | ယူကရိန်း | ju ka. jein: |

Tayikistán (m)	တာဂျစ်ကစ္စတန်	ta gji' ki' sa. tan
Turkmenistán (m)	တစ်မင်နစ္စတန်	ta' min ni' sa. tan
Uzbekistán (m)	ဥဇဘာက်ကစ္စတန်	u. za. be' ki' sa. tan

150. Asia

Asia (f)	အာရှ	a sha.
Vietnam (m)	ဗီယက်နမ်	bi je' nan
India (f)	အိန္ဒိယ	indi. ja
Israel (m)	အစ္စရေး	a' sa. jei:

China (f)	တရုတ်	tajou'
Líbano (m)	လက်ဘနွန်	le' ba. nun
Mongolia (f)	မွန်ဂိုလီးယား	mun gou li: ja:

| Malasia (f) | မလေးရှား | ma. lei: sha: |
| Pakistán (m) | ပါကစ္စတန် | pa ki' sa. tan |

Arabia (f) Saudita	ဆော်ဒီအာရေ,ဗီးယား	hso: di a jei. bi: ja:
Tailandia (f)	ထိုင်း	htain:
Taiwán (m)	ထိုင်ဝမ်	htain wan

| Turquía (f) | တူရကီ | tu ra. ki |
| Japón (m) | ဂျပန် | gja pan |

Afganistán (m)	အာဖဂန်နစ္စတန်	apha. gan na' tan
Bangladesh (m)	ဘင်္ဂလားဒေ့ရှ်	bang la: dei. sh
Indonesia (f)	အင်ဒိုနီးရှား	in do ni: sha:
Jordania (f)	ဂျော်ဒန်	gjo dan

Irak (m)	အီရတ်	ira'
Irán (m)	အီရန်	iran
Camboya (f)	ကမ္ဘောဒီးယား	ga khan ba di: ja:
Kuwait (m)	ကူဝိတ်	ku wi'

Laos (m)	လာအို	la ou
Myanmar (m)	မြန်မာ	mjan ma
Nepal (m)	နီပေါ	ni po:
Emiratos (m pl) Árabes Unidos	အာရပ်နိုင်ငံများ	a ra' nain ngan mja:

Siria (f)	ဆီးရီးယား	hsi: ji: ja:
Palestina (f)	ပါလက်စတိုင်း	pa le' sa tain:
Corea (f) del Sur	တောင်ကိုရီးယား	taun kou ri: ja:
Corea (f) del Norte	မြောက်ကိုရီးယား	mjau' kou ji: ja:

151. América del Norte

Estados Unidos de América (m pl)	အမေရိကန် ပြည်ထောင်စု	amei ji kan pji htaun zu
Canadá (f)	ကနေဒါနိုင်ငံ	ka. nei da nain gan
Méjico (m)	မက္ကစီကိုနိုင်ငံ	me' ka. hsi kou nain ngan

152. Centroamérica y Sudamérica

Argentina (f)	အာဂျင်တီးနား	agin ti: na:
Brasil (m)	ဘရာဇီးလ်	ba. ra zi'l
Colombia (f)	ကိုလမ်းဘီးယား	kou lan: bi: ja:

| Cuba (f) | ကျူးဘား | kju: ba: |
| Chile (m) | ချီလီ | chi li |

| Bolivia (f) | ဘိုလစ်ဗီးယား | bou la' bi: ja: |
| Venezuela (f) | ဗယ်နီဇွဲလား | be ni zwe: la: |

| Paraguay (m) | ပါရာဂွေး | pa ja gwei: |
| Perú (m) | ပီရူး | pi ju: |

Surinam (m)	ဆူရိနမ်း	hsu. ji nei:
Uruguay (m)	အူရူဂွေး	ou. ju gwei:
Ecuador (m)	အီကွေဒေါ	i kwei: do:

| Islas (f pl) Bahamas | ဘာဟားမက် | ba ha me' |
| Haití (m) | ဟိုင်တီ | hain ti |

República (f) Dominicana	ဒိုမီနီကန်	dou mi ni kan
Panamá (f)	ပနားမား	pa. na: ma:
Jamaica (f)	ဂျမေးကား	g'me:kaa:

153. África

Egipto (m)	အီဂျစ်	igji'
Marruecos (m)	မော်ရိုကို	mo jou gou
Túnez (m)	တူနစ်ရှား	tu ni' sha:
Ghana (f)	ဂါနာ	ga na
Zanzíbar (m)	ဇန်ဇီဘာ	zan zi ba
Kenia (f)	ကင်ညာ	kin nja
Libia (f)	လီဗီယာ	li bi ja
Madagascar (m)	မာဒဂက်ကာစကာ	ma de' ka za ga
Namibia (f)	နမီးဘီးယား	nami: bi: ja:
Senegal (m)	ဆယ်နီဂေါ်	hse ni go
Tanzania (f)	တန်ဇားနီးယား	tan za: ni: ja:
República (f) Sudafricana	တောင်အာဖရိက	taun a hpa. ji. ka.

154. Australia. Oceanía

Australia (f)	ဩစတြေးလျ	thja za djei: lja
Nueva Zelanda (f)	နယူးဇီလန်	na. ju: zi lan
Tasmania (f)	တာစ်မေးနီးယား	ta. s mei: ni: ja:
Polinesia (f) Francesa	ပြင်သစ် ပေါ်လီးနီးရှား	pjin dhi' po li: ni: sha:

155. Las ciudades

Ámsterdam	အင်စတာဒမ်မြို့	an za ta dan mjou.
Ankara	အင်ကာရာမြို့	an ga ja mjou.
Atenas	အေသင်မြို့	e thin mjou.
Bagdad	ဘဂ္ဂဒတ်မြို့	ba' ga. da mjou.
Bangkok	ဘန်ကောက်မြို့	ban gou' mjou.
Barcelona	ဘာစီလိုနာမြို့	ba zi lou na mjou.
Beirut	ဘီရာရုမြို့	bi ja ju. mjou.
Berlín	ဘာလင်မြို့	ba lin mjou.
Mumbai	မွန်ဘိုင်းမြို့	mun bain mjou.
Bonn	ဘွန်းမြို့	bwun: mjou.
Bratislava	ဘရာတာစ်ဆလာဗာမြို့	ba. ra ta' hsa. la ba mjou.
Bruselas	ဘရပ်ဆဲလ်မြို့	ba. ja' hse:' mjou.
Bucarest	ဘူးခရက်မြို့	bu: ga. ja' mjou.
Budapest	ဘူဒါပတ်စ်မြို့	bu da pa' s mjou.
Burdeos	ဘော်ဒိုးမြို့	bo dou: mjou.
El Cairo	ကိုင်ရိုမြို့	kain jou mjou.
Calcuta	ကာလကတ္တားမြို့	ka la ka' ta mjou.
Chicago	ရှီကာဂိုမြို့	chi ka gou mjou.
Copenhague	ကိုပင်ဟေးဂင်မြို့	kou pin hei: gin mjou.
Dar-es-Salam	ဒါရှလမ်မြို့	da ju za. lan mjou.
Delhi	ဒေလီမြို့	dei li mjou.

Dubai	ဒူဘိုင်းမြို့	du bain mjou.
Dublín	ဒါ့ဗလင်မြို့	da' ba lin mjou.
Dusseldorf	ဂျူဆော်ဒေါ့ဖ်မြို့	gju hse' do. hp mjou.

Estambul	အစ္စတန်ဘူလ်မြို့	a' sa. tan bun mjou.
Estocolmo	စတော့ဟုမ်းမြို့	sato. houn: mjou.
Florencia	ဖလောရန်စ်မြို့	hpa. lau jan s mjou.
Fráncfort del Meno	ဖရန့်ဖွတ်မြို့	hpa. jan. hpa. t. mjou.
Ginebra	ဂျီနီဗာမြို့	gja. ni ba mjou.

La Habana	ဟာဗားနားမြို့	ha ba: na: mjou.
Hamburgo	ဟန်းဘာဂ်မြို့	han: ba. k mjou.
Hanói	ဟနွိုင်းမြို့	ha. noin: mjou.
La Haya	ဒဟားဂူးမြို့	da. ha gu: mjou.
Helsinki	ဟယ်လ်ဆင်ကီမြို့	he l hsin ki mjou.
Hiroshima	ဟီရိုရှီးမားမြို့	hi jou si: ma: mjou.
Hong Kong	ဟောင်ကောင်မြို့	haun: gaun: mjou.

Jerusalén	ဂျေရုဆလင်မြို့	gjei jou hsa. lin mjou.
Kiev	ကီးယက်မြို့	ki: je' mjou.
Kuala Lumpur	ကွာလာလမ်ပူမြို့	kwa lan pu mjou.

Lisboa	လစ်စဘွန်းမြို့	li' sa bun: mjou.
Londres	လန်ဒန်မြို့	lan dan mjou.
Los Ángeles	လော့အိန်ဂျလိမြို့	lau in gja. li mjou.
Lyon	လိုင်ယွန်မြို့	lain jun mjou.

Madrid	မတ်ဒရစ်မြို့	ma' da. ji' mjou.
Marsella	မာရ်ဆေးမြို့	ma zei: mjou.
Ciudad de México	မက္ကဆီကိုမြို့	me' ka. hsi kou mjou.
Miami	မီရာမီမြို့	mi ja mi mjou.
Montreal	မွန်ထရေယ်မြို့	mun da. ji je mjou.
Moscú	မော်စကိုမြို့	ma sa. kou mjou.
Múnich	မြူးနစ်မြို့	mju: ni' mjou.

Nairobi	နိုင်ရိုဘီမြို့	nain jou bi mjo.
Nápoles	နီပေါမြို့	ni po: mjou.
Niza	နိက်စ်မြို့	nai's mjou.
Nueva York	နယူးယောက်မြို့	na. ju: jau' mjou.

Oslo	အော်စလိုမြို့	o sa lou mjou.
Ottawa	အော့တဝါမြို့	o. ta wa mjou.
París	ပဲရစ်မြို့	pe: ji' mjou.
Pekín	ပီကင်းမြို့	pi gin: mjou.
Praga	ပရက်မြို့	pa. ra' mjou.

Río de Janeiro	ရီရိုဒေးဂျန်နီရိုမြို့	ri jou dei: gjan ni jou mjou.
Roma	ရောမမြို့	ro: ma. mjou.
San Petersburgo	စိန့်ပီတာစဘာတ်မြို့	sein. pi ta za ba' mjou.
Seúl	ဆိုးလ်မြို့	hsou: l mjou.
Shanghái	ရှန်ဟိုင်းမြို့	shan hain: mjou.
Singapur	စင်္ကာပူ	sin ga pu
Sydney	စစ်ဒနေမြို့	si' danei mjou.

| Taipei | တိုင်ပေမြို့ | tain bei mjou. |
| Tokio | တိုကျိုမြို့ | tou gjou mjou. |

Toronto	တိုရွန်တိုမြို့	tou run tou mjou.
Varsovia	ဝါဆောမြို့	wa so mjou.
Venecia	ဗင်းနစ်မြို့	bin: na' s mjou.
Viena	ဗီယင်နာမြို့	bi jin na mjou.
Washington	ဝါရှင်တန်မြို့	wa shin tan mjou.